# 焚書

[明] 李贄 撰

上册

文物出版社

圖書在版編目（CIP）數據

焚書 / (明) 李贄撰. -- 北京 : 文物出版社,
2020.9
（拾瑶叢書 / 鄧占平主編）
ISBN 978-7-5010-6430-4

Ⅰ. ①焚… Ⅱ. ①李… Ⅲ. ①古典哲學 – 中國 – 明代
Ⅳ. ①B248.911

中國版本圖書館CIP數據核字(2019)第274510號

焚書 〔明〕李贄 撰

主　　編：鄧占平
策　　劃：尚論聰　楊麗麗
責任編輯：李縉雲　李子裔
責任印製：張　麗

出版發行：文物出版社有限公司
社　　址：北京市東直門內北小街2號樓
郵　　編：100007
網　　址：http://www.wenwu.com
郵　　箱：web@wenwu.com
經　　銷：新華書店
印　　刷：藝堂印刷（天津）有限公司
開　　本：710mm × 1000mm　1/16
印　　張：48.5
版　　次：2020年9月第1版
印　　次：2020年9月第1次印刷
書　　號：ISBN 978-7-5010-6430-4
定　　價：288.00圓（全二册）

# 前言

『焚書』一詞，會讓人聯想到文字獄。文人大多明哲保身，不願成爲統治王朝之逆鱗。明代李贄却以『焚書』二字名其著作，公然挑戰綱常名教。

李贄（一五二七—一六〇二），字宏甫，號卓吾，别號温陵居士、百泉居士。泉州晋江（今屬福建）人。嘉靖三十一年（一五五二）舉人，歷任共城（河南輝縣）教諭、國子監博士、禮部司務、雲南姚安知府。萬曆年間弃官歸隱，寓居湖北黄安、麻城一帶，著書講學，對封建禮教進行猛烈抨擊，被統治者視爲异端邪説，七十六歲時以『惑民亂道』的罪名被誣下獄，自刎死於獄中。

在中國思想史上，李贄是一個頗具傳奇色彩的人物。一生熾情至善、曠達灑脱，著真切之文，發肺腑之言，故能打動人心；倔强不羈，憤世嫉俗，又爲世所不容，其著作或被查禁，或被焚毁。在自序中李贄提及『自有書四種：一曰《藏書》，上下數千年是非，未易肉眼視也，故欲藏之，言當藏於山中以待後世子云也。一曰《焚書》，則答知己書問，所言頗切近世學者膏肓，既中其痼疾，則必欲殺我矣，故欲焚之，言當焚而弃之，不可留也。《焚書》之後又有別録，名爲《老苦》，雖同是《焚書》，而另爲卷目，則欲焚者焚此矣。獨《説書》四十四篇，真爲可喜，發聖言之精藴，闡日用之平常，可使讀者一過目便知入聖之無難，出世之非假也』。《藏書》是紀傳體史書，論述戰國至元歷史人物約八百人。作者自稱『此書但可自怡，不可示人』。議古論今，暗含對現實的批評，被統治者列爲禁書；《老苦》收録一些談佛論道之文；《説書》是對『四書』的解説和評論，通過百姓日常，闡發聖人經典。原書已失傳。

其中，《焚書》是最能體現李贄思想和主張的著作。作者自知『所言頗切近世學者膏肓』，世所不容，成書之時便言『當焚而弃之，不可留也』，書名也由此而來。之後果然一語成讖，此書於明清二代多次遭焚毁。但書中批判傳統教條的理念和重個性倡平等的思想，都順應歷史潮流，反映市民階層的要求與特點，故其書雖屢遭禁毁而不絶。正如顧炎武所説：『雖奉嚴旨，而其書之行於人間自若也。』此書屢焚屢刻，在民間廣爲流傳，有多部版本傳世。

《焚書》最早於明萬曆十八年（一五九〇）在麻城刊刻，之後又有萬曆二十年（一五九二）刊本、萬曆二十八年（一六〇〇）南京刊本、明刊本、明天啓年間吴興閔氏刊朱墨套印本、清乾隆間刊本等。麻城初刻本及之後的二、三刻今皆不存，通行者爲明刊本，九行二十字，白口，四周單邊。卷首有陳證聖序一篇，正文六卷，包含『書答』二卷，『雜述』二卷，『讀史』一卷，『詩彙』一卷。其中，卷一《答耿司寇》《答鄧明府》兩篇内容有缺。據作者自序，《焚書》内容應爲『答知己書問』。四庫館臣在著録《李温陵集》二十卷時也認爲『書答』『雜述』是《焚書》的内容，而『讀史』來源於《藏書》，『詩彙』選自雜著，皆非《焚書》所有。將此明刊六卷本與明人顧大韶輯《李温陵集》對照來看，結構和體例完全一致，區别在於體量不同、個别篇目名稱有所修改。《李温陵集》中『書答』和『雜述』包含篇目一共約爲一百七十餘篇。此六卷本《焚書》中『書答』和『雜述』僅各包含七十餘篇。此外，個别篇目位置也有所不同。如《觀音問》是女弟子與李贄的往來書信，《李温陵集》將其放在『書答』卷，而六卷本《焚書》却歸入『雜述』卷。故疑此六卷本《焚書》是由《李温陵集》删減編排而成。

目前所見明刊六卷本雖然也許并非《焚書》原貌，但所收篇目確是李贄作品無疑。無論是書信、雜述，還是史評、詩文，都是作者反教條倡平等的政治思想、重情尚真的美學思想和經世致用治學思想的集中體現。如，提出百姓日用即道，『穿衣吃飯，即是人倫物理』（《焚書》卷之一『書答』《答鄧石陽》），不需脱離日常生活去學習聖人之道。提倡平等，反對等級差别，與儒家綱常名教相背離，啓發市民階層思想覺醒；提出童心説，『童心者，絶假純真，最初一念之本心也』（《焚書》卷之三『雜述』《童心説》），强調以純真自然爲美，不矯情造作，不昧心違性。失去童心之人，發言語則言不由衷，著文辭則辭不達意。《焚書》將鋒芒指向中國數千年來占統治地位的儒家傳統説教，對束縛人們思想的程朱理學提出大膽的懷疑和公開的批判。語言純樸真摯，酣暢自然，切中要害，有動人心魄之力量，被奉爲明末思想解放潮流的引領者。

中國古代士人階層大都尊崇孔孟，亦雅好老莊，以儒道互補作爲安身立命之道。相比之下，李贄則更爲獨特而豐富：具有儒家的淑世情懷，又不同於尊崇孔孟信奉六經的傳統儒學；秉承道家返璞歸真順任自然之意，却不只是重視個體的恣情任性，而是關注市民階層的心理需求；深受禪宗浸潤，看破世態，一心向佛，却又不是坐而論道只求自净其心，而是憤世嫉俗，敢説敢爲。作爲中國思想史上備受爭議的思想家之一，李贄在生前身後都受到水火兩重天的評價。紀昀批評他『非聖無法，敢爲异論。名教之罪人，誣民之邪説』。梁啓超則説：『實爲刺激青年最有力之興奮劑。我自己的政治活動，可以説是受這部書（《焚書》）的影響最早而最深。』正統道學斥之爲异端邪説，後世則奉之爲反封建禮教的精神領袖。該如何認識與評價李贄其人，讓我們走近《焚書》，去領略其敢於挑戰權威、批判創新的風骨與膽識，去感悟其赤子童心般純真動人的美學境界。

北京師範大學圖書館　董蕊

二〇一九年十二月

首序

李卓吾先生以儒術起二千石有理學名然多涉釋氏制行瑰異措論玄冥世亦病之因是禍搆遺稿數十萬

言悪媢祖龍吳人士鐫其餘而

隘之制議者曰以先生之資究

心儒術將統繼千秋廟食百世

前無濂洛後無餘姚胡逃儒

歸釋遁世嘗詬如今日哉余

以為惟其歸釋得以炳爍不
然僅一學究老生耳川岩法
滅雷電俱收何有今日然則
以此賈禍者即以此招聲先
生未嘗負斯世斯世未嘗負

先生也雖然先生豈其逃儒豈其歸釋惟是儒者尚漸釋者尚頓由釋入儒其功捷由儒游釋其機鎔先生之於震旦氏也始則假途終則游秇既

徼其捷濩洨其鎔盖玅於
儒者何淂病之古亦有良道
玄鏤鎧道玄糠稗鏤鎧糠
稗道且或存豈遺釋氏斯
集也不知者目爲靈辰旦筌蹄

知之者目爲尼山衣鉢矣梓成吳人士徵予序因題數字於弁

會稽陳證聖書

# 李氏焚書目錄

〇卷之一

書答

○卷之二

書答

○卷之三

雜述

○卷之五

○卷之六

五言四句

六言四句

## 七言四句

五言八句

七言八句



李氏焚書目錄終

# 李氏焚書卷之一

## 書答

### ○答周西巖

天下無一人不生知、無一物不生知、亦無一刻不生知者、但自不知耳、然又未嘗不可使之知也、惟是土木瓦石不可使知者、以其無情難告語也、賢智愚不肖不可使知者、以其有情難告語也、除是二種、則雖牛馬驢駝等、當其深愁痛苦之時、無不可告以生知、語以佛乘也、據渠見處、恰似有人生知、又有人不生知生知者便是佛非生知者未便是佛我不識半生以前所作所爲皆是誰主張乎不幾於日用而不知乎不知尚可更自謂目前不敢冒認作佛既目前無佛他日又安得有佛也若他日作佛時佛方眞有則今日不作佛時佛又何處去也或有或無自是識心分別妄爲有無非汝佛有有有無也明矣且既自謂不能成佛矣亦可自謂此生不能成人乎吾不知何以自立於天地之間也既無以自立則無以自安無以自安則在家無以安家在鄉無以安鄉在朝廷無

以安頓殃吾又不知何以度日何以面於人也吾恐縱謙讓決不肯自謂我不成人也審矣既成人矣又何佛不成而更等待他日乎天下寧有人外之佛佛外之人乎若必待仕宦婚嫁事畢然後學佛則是成佛必待無事是事有礙於佛也有事未得作佛是佛無益於事也佛無益於事成佛何爲乎事有礙於佛佛亦不中用矣豈不深可笑哉纔等待便千萬億劫可畏也

○答周若莊

明德本也親民末也故曰物有本末又曰自天子以至於庶人壹是皆以脩身爲本苟不明德以脩其身是本亂而求末之治胡可得也人之至厚者莫如身苟不能明德以脩身則所厚者薄無所不薄而謂所薄者厚無是理也故曰未之有也今之談者乃舍明德而直言親民何哉不幾於舍本而圖末薄所厚而欲厚所薄乎且明德者吾之所本有明明德於天下者亦非强人之所本無故又示之曰在止於至善而已無善無惡是謂至善於此而知所止則明明德之

能事畢矣故終篇更不言民如何親而但曰明德更不言德如何明而但曰止至善不曰善如何止而但曰知止不曰止如何知而直曰格物以致其知而已所格者何物所致者何知蓋格物則自無物無物則自無知故既知所止則所知亦止苟所知未止亦未爲知止也故知止其所不知斯致矣予觀大學如此詳悉開示無非以德未易明止未易知故又贊之曰人能知止則常寂而常定也至靜而無欲也安安而不遷也百慮而一致也今之談者旨切已自反果能常

寂而常定乎至靜而無欲乎安固而不搖乎百慮而致之一乎是未可知耳奈之何遽以知止自許明德自任也然則顏子終身以好學稱曾子終身以守約名果皆非邪果皆偏而不全之學邪抑固有終其身覓良師友親近善知識而卒不得收寧止之功者亦多有之況未嘗一日親近善知識而遂以善知識自任乎

○○與焦弱侯

人猶水也豪傑猶巨魚也欲求巨魚必須異水欲求

豪傑必須異人此的然之理也今夫井非不清潔也味非不甘美也日用飲食非不切切於人若不可缺以旦夕也然持任公之釣者則未嘗井焉之之矣何也以井不生魚也欲求三十之魚亦了不可得矣今夫海未嘗清潔也未嘗甘合也然非萬斛之舟不可入非生長於海者不可以履於海蓋能活人亦能殺人能富人亦能貧人其不可侮之以爲安倚之以爲常也明矣然而鵾鵬化焉蛟龍藏焉萬寶之都而吞舟之魚所樂而遊遨也彼但一開口而百丈風帆竝

流以入曾無所於礙則其腹中固已江漢若矣此其爲物豈豫且之所能制網罟之所能羈邪自生自然自去自來水族千億惟有驚怪長太息而已而況人未之見乎予家泉海海邊人謂予言有大魚入港潮去不得去呼集數十百人持刀斧直上魚背恣意砍割連數十百石是魚猶恬然如故也俄而潮至復乘之而去矣然此猶其小者也乘潮入港港可容身則茲魚亦若不大也予有友莫姓者住雷海之濱同官滇中親爲我言有大魚如山初視猶以爲雲若霧也

中午霧盡收、果見一山在海中、連亙若太行、自東徙西直至半月日乃休、則是魚也其長又奚啻三千餘里者哉、嗟乎、豪傑之士亦若此焉爾矣、今若索豪士於鄉人皆好之中、是猶釣魚於井也、胡可得也、則其人可謂智者與、何也、豪傑之士、決非鄉人之所好、而鄉人之中、亦決不生豪古今賢聖、皆豪傑爲之、非豪傑而能爲聖賢、自古無之矣、今日夜汲汲欲與天下之豪傑共爲賢聖、而乃索豪傑於鄉人、則非但失却豪傑、亦且失却賢聖之路矣、所謂北轅而南其轍、亦又安可得也。吾見其人決非豪傑，亦決非有爲聖賢之眞志者，何也？若是眞豪傑，決無有不識豪傑之人；若是眞志要爲聖賢，決無有不知賢聖之路者。尚安有坐井釣魚之理也！

○○答鄧石陽

穿衣喫飯，卽是人倫物理；除却穿衣喫飯，無倫物矣。世間種種，皆衣與飯類耳。故舉衣與飯而世間種種自然在其中；非衣食之外，更有所謂種種絕與百姓不相同者也。學者只宜於倫物上識眞空，不當於倫物上辨倫物故曰明於庶物察於人倫於倫物上加明察則可以達本而識眞源否則只在倫物上計較忖度終無自得之日矣支離易簡之辨正在於此明察得眞空則爲由仁義行不明察則爲行仁義入於支離而不自覺矣可不愼乎昨者復書眞空十六字已說得無滲漏矣今復爲註解以請正何如所謂空不用空者謂是太虛空之性本非人之所能空也若人能空之則不得謂之太虛空矣有何奇妙而欲學者專以見性爲極則也耶所謂終不能空者謂若容

得一毫人力，便是塞了一分眞空，塞了一分眞空，便是染了一點塵垢，此一點塵垢便是千劫繫驢之橛，永不能出離矣，可不畏乎，世間蕩平大路，千人共由，萬人共履，我在此，兄亦在此，合邑上下俱在此，若自生分別，則反不如百姓日用矣，幸裁之，弟老矣，作筆艸艸，甚非其意，兄倘有志易簡之理，不願虛生此一番，則弟雖吐肝膽之血以相究證，亦所甚願，如依舊橫此見解，不復以生死爲念，千萬勿勞賜教也，

○○又答石陽太守

兄所教者正朱夫子之學非虞廷精一之學也精則
一一則不二不二則平一則精精則不疏不疏則實
如渠老所見甚的確非虛也正眞實地位也所造甚
平易非高也正平等境界也蓋親得趙老之傳者雖
其東西南北終身馳逐於外不免遺棄之病亦其迹
耳獨不有所以迹者乎迹則人人殊有如面然面則
千萬其人亦千萬其面矣人果有千萬者乎渠惟知
其人之無千萬也是以謂之知本也是以謂之一也
又知其面之不容不千萬而一聽其自千自萬也是

以謂之至一也，是以謂之大同也。如其迹，則渠老之不同於大老，亦猶大老之不同於心老，心老之不同於陽明老也。若其人，則安有數老之別哉？知數老之不容分別，此數老之學所以能繼千聖之絕，而同歸於一以貫之之旨也。若槩其面之不同，而遂疑其人之有異，因疑其人之有異，而遂疑其學之不同，則過矣。渠正充然滿腹也，而我以畫餅不充疑之；渠正安穩在彼岸也，而我以虛浮無歸宿病之。是急人之急而不自急其急，未故弟亦願兄之加三思也。使兄之學眞以朱子者爲是而以精一之傳爲非是則弟更何説乎若猶有疑於朱子而尚未究於精一之宗則兄於此當有不容以已者在今據我二人論之兄精切於人倫物理之間一步不肎放過我則從容於禮法之外務以老而自佚其不同者如此兄試靜聽而細觀之我二人同乎不同乎一乎不一乎若以不同看我以不一看我誤矣但得一萬事畢更無有許多物事及虚實高下等見解也到此則誠意爲眞誠意致知爲眞致知格物爲眞格物説誠意亦可説致知

亦可、說格物亦可、何如何如、我二人老矣、彼此同心、務共證盟千萬古事業、勿徒爲泛泛會聚也、

○答李見羅先生

昔在京師時、多承諸公接引、而承先生接引尤。勤、發蒙啓蔽、時或未省、而退實沉思、旣久稍通解耳、師友深恩、永矢不忘、非敢佞也、年來衰老、非故矣、每念才弱質單、獨力難就、恐遂爲門下鄙弃、故往往極意參尋、多方選勝、冀或有以贊我者、而詎意學者之病、又盡與某相類耶、但知爲人、不知爲己、惟務好名、不肎

務實夫某既如此矣又復與此人處是相隨而入於陷穽也無名天地之始誰其能念之以故閉戶卻掃怡然獨坐或時飽後散步涼天箕踞行遊出從二三年少聽彼俚歌聆此笑語謔弄片時亦足供醒脾之用可以省卻枳木丸子矣及其飽悶已過情景適可則仍舊如前鎖門獨坐而讀我書也其蹤跡如此豈誠避人哉若樂於避人則山林而已矣不城郭而居也故土而可矣不以他鄉遊也公其以我爲誠然否然則此道也非果有夕死之大懼朝聞之眞志聰明

蓋世剛健篤生卓然不爲千聖所搖奪者未可遽以與我共學此也蓋必其人至聰至明至剛至健而又逼之以夕死急之以朝聞乃能退就實地不驚不震安穩而踞坐之耳區區世名且視爲僥巳也肯耽之向時尚有賤累今皆發回原籍獨身在耳太和之遊未便卜期年老力艱非大得所不敢出門戶且山水以人爲重未有人而千里尋山水者也間適之餘著述頗有嘗自謂當藏名山以俟後世子雲今者有公則不啻玄晏先生也計即呈覽第不便以覆酒甕其如

無力繕寫何飄然一身獨往何難從此東西南北信無不可但不肯入公府耳此一點名心終難脫卻然亦不須脫却也世間人以此謂爲學者不少矣由此觀之求一眞好名者舉世亦無則某之閉戶又宜矣

〇答焦漪園

承諭李氏藏書謹抄錄一通呈覽年來有書三種惟此一種繫千百年是非人更八百簡帙亦繁計不止二千葉矣更有一種專與朋輩往來談佛乘者名曰李氏焚書大抵多因緣語忿激語不比尋常套

語恐覽者或生怪憾故名曰焚書言其當焚而棄之也見在者百有餘紙陸續則不可知今姑未暇録上又一種則因學士等不明題中大旨乘便寫數句貽之積久成帙名曰李氏說書中間亦甚可觀如得數年未死將語孟逐節發明亦快人也惟藏書宜閉秘之而喜其論著稍可亦欲與知音者一談是以呈去也其中人數既多不盡妥當則晉書唐書宋史之罪非于責也竊以魏晉諸人標致殊甚一經穢筆反不標致眞英雄子畫作罷軟漢矣眞風流名士者畫作

俗士直、談名不濟事者合、畫作褒衣大冠以堂堂巍巍
自負、豈不眞可笑、因知范曄、尚為人傑、後漢尚有可
觀、今不敢謂此書、諸傳皆已妥當、但以其是非堪為
前人出氣而已、斷斷然不宜使俗士見之、望兄細閱
一過、如以為無害、則題數句于前、發出編次本意可
矣、不願他人作半句文字於其間也、何也、今世想未
有知卓吾子者也、然此亦惟兄斟酌行之、弟既處遠
勢難遙度、但不至取怒於人、又不至汚辱此書、即為
愛我、中間差訛甚多、須細細一番乃可、若論著則不

可改此吾精神心術所繫法家傳爰之書未易言也本欲與上人偕往面承指教聞白下荒甚恐途次有儆稍待麥熟或可買舟來矣生平慕西湖佳勝便於舟航且去白下密邇又今世俗子與一切假道學共以異端目我我謂不如遂為異端免彼等以虛名加我何如夫我既已出家矣特餘此種種耳又何惜此種種而不以成此名耶或一會兄而往或不及會皆不可知第早晚有人往白下報曰西湖上有一白鬚老稱無髮者必我也夫必我也夫前書所云鄧和尚

者果何似、第一機即是第二機、月泉和尚以婢爲夫人也、第一機不是第二機、谿渠和尚以爲眞有第二月在天上也、此二老宿、果致虛極而守靜篤乎、此是何境界、而可以推測擬議之乎、故曰億則屢中、非不屢中也、而億焉、則其害深矣、夫惟聖人、不億不億、故不中、不中、不中則幾焉、何時聚首合幷其證斯事、潘雪松聞已行取、三經解刻在金華、當必有相遺遺者多、則分我一二部、我於南華已無稿矣、當時特爲要删太繁、故於隆寒、病中、不四五日塗抹之、老子解、亦以九日成蓋爲蘇註未愜故就原本添改數行心經提綱則爲友人寫心經畢尚餘一幅遂續墨而填之以還其人皆艸艸了事欲以自娛不意遂成大災也若藏書則眞實可喜潘新安何如人乎旣已行取便當居言路作諍臣矣不肖何以受知此老也其信我如是豈眞心以我爲可信乎抑亦從兄口頭便相隨順信我也若不待取給他人口頭便能自着眼睛索我於牝牡驪黃之外知卓吾子之爲世外人也則當今人才必不能逃于潘氏藻鑑之外可以稱具眼矣

○○復丘若泰

丘書云僕謂丹陽實病柳云何有於病且要友身默識識默邪識病邪此時若纖念不起方寸皆空當是丹陽但不得及此境界耳

苦海有八病其一也既有此身即有此海既有此病即有此苦丹陽安得而與人異邪人知病之苦不知樂之苦樂者苦之因樂極則苦生矣人知病之苦不知病之樂苦者樂之因苦極則樂至矣苦樂相乘是輪迴種因苦得樂是因緣法丹陽雖上仙安能棄輪

迴舍因緣自脫于人世苦海之外邪但未嘗不與人同之中而自然不與人同者以行糧素具路頭素明也此時正在病只一心護病豈容更有別念乎豈容一毫默識工夫參于其間乎是乃眞第一念也是乃眞無二念也是乃眞空也是乃眞纖念不起方寸皆空之實境也非謂必如何空之而後可至丹陽境界也若要如何便非實際便不空矣

○○○復鄧石陽

昨承教言對使裁謝尚有未盡謹復錄而上之蓋老

丈專爲上上人說恐其過高、或有遺弃之病、弟則直爲下下人說恐其沉溺、而不能出、如今之所謂出家兒者、秖知有持鉢糊口事耳、然世間惟下下人最多、所謂滔滔者、天下皆是也、若夫上上人、則舉世絕少、非直少也、蓋絕無之矣、如弟者、滔滔皆是人也、彼其絕無者、舉世既無之矣、又何說焉、年來每深嘆憾光陰去矣、而一官三十餘年、未嘗分毫爲國出力、徒竊俸餘以自潤、既幸雙親歸土、弟妹七人婚嫁各畢、各幸而不缺衣食、各生兒孫、獨予連生四男三女、惟留一女在耳、而季遏耳順、體素羸弱、以爲弟姪已滿目、可以無歉矣、遂自安慰焉、蓋所謂欲之而不能、非能之而自不欲也、惟此一件人生大事、未能明了、心下時時煩懣、故遂弃官入楚、事善知識、以求少得、蓋皆陷溺之久、老而始覺、絕未曾自弃於人倫之外者、平生師友散在四方、不下十百、盡是仕宦忠烈丈夫、如兄輩等耳、弟初不敢以彼等爲徇人、彼等亦不以我爲絕斑、各務以自得而已矣、故相期甚遠、而形迹頓遺、願作聖者師聖、願爲佛者宗佛、不問在家出家、人知與否、隨其資性、一任進道、故得稍與其爲學耳、然則所取於渠者、豈取其棄人倫哉、取其志道也。中間大略不過曰其爲人倔强難化如此、始焉不肯低頭、而終也遂爾稟服師事、因其難化、故料其必能得道、又因其得道而復喜其不負倔强初志、如此而已、然天下之倔强而不得道者多矣、若其不得道、則雖倔强何益、雖出家何用、雖至於斷臂殞身、亦秖爲喪身失命之夫耳、竟何補也、故苟有志於道、則在家可也、孔孟不在家乎、出家可也、釋迦佛不出家乎、今之學

佛者非學其棄淨飯王之位而苦行於雪山之中也
學其能成佛之道而已今之學孔子者非學其能在
家也學其能成孔子之道而已若以在家者爲是則
今之在家學聖者多矣而成聖者其誰耶若以出家
爲非則今之非釋氏者亦不少矣而終不敢謂其非
佛又何也然則學佛者要於成佛爾矣渠既學佛矣
又何說乎承示云趙老與胡氏書極詆渠之非曰雲
水瓢笠之中作此乞墦登壟之態覽教至此不覺泫
然斷言毒害實刺我心我與彼得無盡墮其中而不

自知者乎當時胡氏必以致仕爲高品輕功名富貴爲善學者故此老痛責渠之非以曉之所謂言不怒則聽者不入是也今夫人人盡知求富貴利達者之爲乞墦矣而孰知雲水瓢笠之衆皆乞墦邪使胡氏思之得無知斯道之大而不專在于輕功名富貴之間乎然使趙老而別與溺于富貴功名之人言之則又不知此矣所謂因病發藥因時治病不得一槩此道之所以爲大也吾謂趙老眞聖人也渠當終身依歸而奈何其遽舍之而遠去邪然要之各從所好不

可以我之意而必渠之同此意也獨念乞播之辱心實恥之而卒不得免者何居意者或借聞見以爲聰明或藉耳目以爲心腹與或憑冊籍以爲斷案或依孔佛以爲泰山與有一於此我乃齊人又安能笑彼渠也此弟之所痛而苦也兄其何以教之承諭欲弟便毀此文此實無不可但不必耳何也人各有心不能皆合喜者自喜不喜者自然不喜欲覽者覽欲毀者毀各不相礙此學之所以爲妙也若以喜者爲是而必欲兄之同吾兄又以毀者爲是而復責弟之

不毀則是各見其是各私其學學斯僻矣抑豈識此言爲有累於趙老乎夫趙老何人也巍巍太山學貫千古乃一和尚能累之則亦無貫於趙老矣夫惟陳相倍師而後陳良之學始顯惟西河之人疑子夏於夫子而後夫子之道益尊然則趙老固非人之所能累也若曰吾謂渠惜其以倍師之故頓爲後世嗤耳則渠已絕弃人世逃儒歸佛陷於大戮而不自愛惜矣吾又何愛惜之有焉吾以爲渠之學若果非則當以此暴其惡於天下後世而與天下後世共改之若

果是則當以此顯其教於天下後世而與天下後世共爲之此仁人君子之用心所以爲大同也且觀世之人孰能不避名色而讀異端之書者乎堂堂天朝行頒四書五經於天下欲其幼而學壯而行以博高爵重祿顯榮家世不然者有黜有罰如此其詳明也然猶有束書而不肯讀者況佛教乎佛教且然況鄧和尚之語乎況居士數句文字乎吾恐雖欲拱手以奉之彼即置而棄之矣而何必代之毀與棄也弟謂兄聖人之資也且又聖人之徒也弟異端者流也本

無足道者也，自朱夫子以至今日，以老佛爲異端，樹襲而排擯之者，不知其幾百年矣。弟非不知，而敢以直犯衆怒者，不得已也，老而怕死也。且國家以六經取士，而有三藏之收；以六藝教人，而又有戒壇之設，則亦未嘗以出家爲禁矣。則如渠者，固國家之所不弃，而兄乃以爲弃邪？屢承接引之勤，苟非木石，能不動念？然謂弟欲使天下之人皆弃功名妻子而後從事於學，果若是，是爲大蠹，弟不如是之愚也。然斯言也，吾謂兄亦太早計矣，非但未卵而求時夜者也。夫渠生長於內江矣今觀內江之人更有一人效渠之爲者乎吾謂即使朝廷出令前鼎鑊而後白刃驅而之出家彼寧有守其妻孥以死者耳必不願也而謂一鄧和尚能變易天下之人乎一無緊要居士能以幾句閒言語能使天下人盡弃妻子功名以從事於佛學乎蓋千古絕無之事千萬勿煩杞慮也吾謂眞正能接趙老之脉者意者或有待於兄耳異日者必有端的同門能共推尊老丈以爲師門顏閔區區異端之徒自救不暇安能並驅爭先也則此鄙陋之語

勿毀之亦可然我又嘗推念之矣夫黄面老瞿曇少而出家者也李耳厭薄衰周亦遂西遊不返老而後出家者也獨孔子老在家耳然終身周流不暇暖席則在家時亦無幾矣妻既卒矣獨一子耳更不聞其再娶誰女也又更不聞其復有幾房妾媵也則於室家之情亦太微矣當時列國之主盡知禮遇夫子然而夫子不仕也最久者三月而已不曰接淅而行則曰明日遂行則於功名之念亦太輕矣居常不知叔梁紇葬處乃葬其母於五父之衢然後得合葬於防

焉則於掃墓之禮亦太簡矣豈三聖人於此顧爲輕於功名妻子哉恐亦未免遺弃之病哉然則渠上人之罪過亦未能遽定也然以予斷之上人之罪不在於後日之不歸家而在於其初之輕於出家也何也一出家卽弃父毋矣所貴於有子者謂其臨老得力耳蓋人既老便自有許多疾病苟有子則老來得力病困時得力臥床難移動時得力奉侍湯藥時得力五內分割痛苦難忍時得力臨終嗚咽分付訣別聲氣垂絕時得力若此時不得力則與無子等矣又何

在於奔喪守禮以爲他人之觀乎往往見今世學道聖人先覺士大夫或父母八十有餘猶聞拜疾趨全不念風中之燭滅在俄頃無他急功名而忘其親也此之不責而反責彼出家兒是爲大惑足稱顛倒見矣吁吁二十餘年傾蓋之友六七十歲皓皤之夫萬里相逢聚首他縣誓吐肝膽盡脫皮膚苟一毫衷赤不盡尚有纖芥爲名作誑之語青霄白日照耀我心便當永墮無間萬劫爲驢與兄騎乘此今日所以報答百泉上知己之感也縱兄有憾我終不敢有怨

〇復周南士

公壯年雄才、抱璞未試者也、如僕本無才可用、故自不安於用、豈誠與雲與鶴相類者哉、感媿甚矣、夫世間惟才不易得、故曰才難、若無其才而虛有其名、如殷中軍以竹馬之好、欲與大司馬抗衡、自附於王謝、是爲不自忖度、則僕無是矣、如公大才、際明世、正宜藏蓄待時、爲時出力也、古有之矣、有大才而不見用於世者、世既不能用、而亦不求用、退而與無才者等、不使無才者疑、有才者忌、所謂容貌若愚、深藏若虛、老聃是也今觀渭濱之叟年八十矣猶把釣持竿不顧也使八十而死或不死而不遇西伯獵于渭縱遇西伯而西伯不尊以爲師敬養之以爲老有子若發不武不能善承父志太公雖百萬韜略不用也此皆所謂善藏其用者也若夫嚴子陵陳希夷汲汲欲用之矣而有必用之心無必用之形故被裘隱驢終名隱士雖不遯心而能遯迹雖不見用才亦見隱才矣黄老而下可多見邪又若有大用之才而能委曲以求其必用時不必明良道不論泰否與世浮沉因時

升降而用常在我卒亦舍我不用而不可得則管吏吾輩是也此其最高矣乎若乃切切焉以求用又不能委曲以濟其用操一已之繩墨持前王之規矩以方枘欲入圓鑿此豈用世才哉徒負却切切欲用本心矣今之儒是也公今親遭明時抱和璧如前數子皆所孰厭當必有契詣者僕特崖略之以俟擇耳不然欲用而不能委曲以濟其用此儒之所以卒為天下後世非笑也

○○答鄧明府

何公亦不關江陵事江陵爲司業時何公只與朋輩同往一會言耳言雖不中而殺之之心無有也及何公出而獨向朋輩道此人有欲飛不得之云蓋直不滿之耳何公聞之遂有此人必當國當國必殺我等語則以何公平生自許太過不意精神反爲江陵所攝於是憮然便有懼色蓋皆英雄莫肯相下之實此等心腸是也自後江陵亦記不得何公而何公終日有江陵在念偶攻江陵者首吉安人江陵遂怨吉安日與吉安縉紳爲讎然亦未嘗讎何公者以何公不

足讐也特何公自爲讐耳何也以何公必爲首相必殺我之語已傳播于吉安及四方久矣至是欲承奉江陵者憾無有緣開是誰不甘心何公者乎殺一布衣本無難事而可以取快江陵之胷腹則又何憚而不敢爲也故巡撫緝訪之於前而繼者踵其步方其緝解至湖廣也湖廣密進揭帖於江陵江陵曰此事何須來問輕則決罰重則發遣已矣及差人出閣門應城李義河遂授以意曰此江陵本意也特不欲自發之耳吁吁江陵何人也膽如天大而肎姑息此哉

應城之情狀可知矣應城於何公素有論學之忤其殺之之心自有又其時勢焰薫灼人之事應城者如事江陵則何公雖欲不死又安可得邪江陵此事甚錯其原起於憾吉安而必欲殺吉安人爲尤錯今日俱爲談往事矣然何公布衣之傑也故有殺身之禍江陵宰相之傑也故有身後之辱不論其敗而論其成不追其跡而原其心不責其過而賞其功則二老者皆吾師也非與世之局瑣取容埋頭顧影竊取聖人之名以自蓋其貪位固寵之私者比也是以復益

論之以裁正於大方焉所論甚見中蘊可爲何公出氣恐猶未察江陵初心故爾贅及

○○○答耿中丞

昨承教言深中狂愚之病夫以率性之眞推而擴之與天下爲公乃謂之道旣欲與斯世斯民共由之則其範圍曲成之功大矣學其可無術歟此公至言也此公所得於孔子而深信之以爲家法者也僕又何言之哉然此乃孔氏之言也非我也夫天生一人自有一人之用不待取給於孔子而後足也若必待取

異於孔子，則千古以前無孔子，終不得爲人乎。故淄原學孔子之說者，乃孟子之所以止于孟子，僕方痛憾其非夫，而公謂我願之歟。且孔子未嘗教人之學孔子也。使孔子而教人以學孔子，何以顏淵問仁，而曰爲仁由己，而不由人也歟哉。何以曰古之學者爲己，又曰君子求諸己也歟哉。惟其由己，故諸子自不必問仁於孔子，惟其爲己，故孔子自無學術以授門人。是無人無己之學也。無己，故學莫先於克己；無人，故教惟在於因人。試舉一二言之，如仲弓居敬行簡，

着眼

人也而問仁焉夫子直指之曰敬恕而已雍也聰明故悟焉而請事司馬牛遭兄弟之難嘗懷憂懼是謹言愼行人也而問仁焉夫子亦直指之曰其言也訒而已牛也不聰故疑焉而反以爲未足由此觀之孔子亦何嘗教人之學孔子也哉夫孔子未嘗教人之學孔子而學孔子者務舍己而必以孔子爲學雖公亦必以爲眞可笑矣夫惟孔子未嘗以孔子教人學故其得志也必不以身爲教於天下是故聖人在上萬物得所有由然也夫天下之人得所也久矣所以

不得所者貪暴者擾之而仁者害之也仁者以天下之失所也而憂之而汲汲焉欲貽之以得所之域於是有德禮以撘其心有政刑以縶其四體而人始大失所矣夫天下之民物衆矣若必欲其皆如吾之條理則天地亦且不能是故寒能折膠而不能折朝市之人熱能伏金而不能伏競奔之子何也富貴利達所以厚吾天生之五官其勢然也是故聖人順之順之則安之矣是故貪財者與之以祿趨勢者與之以爵強有力者與之以權能者稱事而官愞者夾持而

使有德者隆之虚位但取具瞻高才者處以重任不問出入各從所好各騁所長無一人之不中用何其事之易也雖欲飾詐以投其好我自無好之可投雖欲掩醜以著其美我自無醜之可掩何其說之難也是非眞能明明德於天下而坐致太平者歟是非眞能不見一絲作爲之迹而自享心逸日休之效者歟然則孔氏之學術亦妙矣則雖謂孔子有學有術以教人亦可也然則無學無術者其茲孔子之學術歟公既深信而篤行之則雖謂公自己之學術亦可也

但不必人人皆如公耳。故凡公之所爲自善，所用自廣，所學自當。僕自敬公，不必僕之似公也；公自當愛僕，不必公之賢於僕也。則公此行，人人有彈冠之慶矣。否則同者少而異者多，賢者少而愚不肖者多，天下果何時而太平乎哉！

○又答耿中丞

心之所欲爲者，耳更不必聞於人之言，非不欲聞，自不聞也。若欲不聞，孰若不爲，此兩者從公決之而已。且世間好事甚多，又安能一一盡爲之邪？且夫吾身之所繫於天下者大也古之君子平居暇日非但不能過人亦且無以及人一旦有大故平居暇日表表焉欲以自見者舉千億莫敢當前獨此君子焉稍出其緒餘者以整頓之功成而衆不知則其過於人也遠矣譬之龍泉太阿非斬蛟斷犀不輕試也蓋小試則無味小用則無餘他日所就皆可知矣阿堵之語市井之談耳何足復道之哉然渠之所以知公者其責望亦自頗厚渠以人之相知貴於知心苟四海之內有知我者則一鍾子足矣不在多也以今觀公實

未足爲渠之知已。夫渠欲與公相從于形骸之外，而公乃索之于形骸之內，嘵嘵焉欲以口舌辯說渠之是非，以爲足以厚相知，而答責望於我者之深意，則大謬矣。夫世人之是非，其不足爲渠之輕重也審矣。且渠初未嘗以世人之是非爲一已之是非也。若以是非爲是非，渠之行事斷必不如此矣。此尤其至易明焉者也。蓋渠之學主于出世，故每每直行而無諱。今公之學旣主於用世，則尤宜韜藏固閉而深居，迹相反而意相成，以此厚之，不亦可乎？因公言之，故爾

及之然是亦嘵嘵者知其無益也

## 與楊定見

此事大不可甚間是非紛然人在是非場中安能免也於是非上加起買好遠怨等事此亦細人常態不足怪也古人以眞情與人卒至自陷者不知多少祇有一笑爲無事耳今彼講是非而我又與之講是非講之不已至于爭辯人之聽者反不以其初之講是非者爲可厭而反厭彼爭辯是非者矣此事昭然但迷在其中而不覺耳旣惡人講是非矣吾又自講是

非講之不已，至於爭；爭不已，至于失聲；失聲不已，至於爲讐。失聲則損氣，多講則損身，爲讐則失親，其不便宜甚矣。人生世間，一點便宜亦自不知求覓，得爲智乎？且我以信義與人交，已是不智矣，而又責人之背信背義，是不智上更加不智，愚上加愚。雖稍知愛身者不爲，而我可爲之乎？雖稍知便宜者必笑，而可坐令人笑我乎？此等去處，我素犯之，但能時時自反而克之，不肯讓便宜以與人也。千萬一笑，則當下安妥，精神復完，胸次復舊開爽，且不論讀書作舉業事，

只一場安穩睡覺、便屬自巳受用矣、此大可嘆、事大可恥事、彼所爭與誣者、反不見可嘆可恥也、

○○復京中友朋

來教云、無求飽、無求安、此心無所繫着、即便是學、註云、心有在而不暇及、若別有學在、非也、就有道則精神相感、此心自正、若謂別出所知見相正、淺矣、又云、苟志於仁矣、無惡也、惡當作去聲、即庚明捷記、第欲竝生讒說、殄行猶不憤疾于頑、可見自古聖賢、原無惡也、曰舉直錯諸枉、錯非舍弃之、蓋錯置之錯也、即

言本者、亦要錯置之使之得所、未忍終弃也、又曰大學之道在明明德、在親民、只此一親字便是孔門學脈、能親便是生機、些子意思人人俱有、但知體取就是保任之擴充之耳、來示如此、敢以實對、夫曰安飽不求、非其性與人殊也、人生世間惟有學問一事、故時敏以求之、自不知安飽耳、非有心於不求也、若無時敏之學而徒用心於安飽之間則僞矣、既時敏於學則自不得不愼於言、何也、吾之學未曾到手、則何敢言、亦非有意愼密其間而故謹言以要譽於人也、

廿九

今之敢為大言便偃然高坐其上必欲為人之師者皆不敏事之故耳夫惟真實敏事之人豈但言不敢出食不知飽居不知安而已自然奔走四方求有道以就正有道者好學而自有得大事到手之人也此事雖大而路徑萬千有頓入者有漸入者漸者雖迂遠費力猶可望以深造若北行而南其轍入海而上太行則何益矣此事猶可但無益耳未有害也苟一入邪途豈非求益反損所謂非徒無益而又害之者乎是以不敢不就正也如此就正方謂好學方能得

道方是大事到手方謂不負時敏之勤矣如此則我能明明德既能明德則自然親民如向日四方有道爲我所就正者我既眞切向道彼決無有厭惡之理決無不相親愛之事決無不吐肝露膽與我共證明之意何者明明德者自然之用固如是也非認此爲題目爲學脉而作意以爲之也今無明明德之功而遽曰親民是未立而欲行未走而欲飛且使聖人明明德喫緊一言全爲虚設矣故苟志於仁則自無厭惡何者天下之人本與仁者一般聖人不曾高衆人

不曾低自不容有惡耳所以有惡者惡鄉愿之亂德惡久假之不歸名爲好學而實不好學者耳若世間之人聖人與仁人胡爲而惡之哉蓋已至於仁則自然無厭惡已能明德則自能親民皆自然而然不容思勉此聖學之所以爲妙也故曰學不厭知也教不倦仁也性之德也合內外之道也故時措之宜也何等自然何等不容已今人把不厭不倦做題目在手裏做安能做得成安能真不厭不倦也聖人只教人爲學耳實能好學則自然到此若不肯學而但言不

厭不倦則孔門諸子當盡能學之矣何以獨稱顏子爲好學也邪既稱顏子爲學不厭而不曾說顏子爲敎不倦者可知明德親民敎立而道行獨有孔子能任之雖顏子不敢當乎此矣今人未明德而便親民未能不厭而先學不倦未能慎言以敏於事而自謂得道肆口妄言之不恥未能一日就有道以求正而便以有道自居欲以引正於人人吾誠不知其何說也故未明德者便不可說親民未能至仁者便不可說無厭惡故曰毋友不如己者以此慎交猶恐有便

辟之友善柔之友故曰賜也日損以其悅與不若己者友耳如之何其可以安親而自處于不聞過之地也乎故欲斂事而自明己德須如顔子終身以孔子爲依歸庶無失身之悔而得好學之實若其他弟子則不免學夫子之不厭而已學夫子之不倦而已畢竟不知夫子之所學爲何物自己之所當有事者爲何事雖同師聖人而卒無得焉者豈非以此之故與吁當夫子時而其及門之徒已如此矣

○○又答京友

善與惡對猶陰與陽對柔與剛對男與女對蓋有兩則有對既有兩矣其勢不得不立虛假之名以分別之如張三李四之類是也若謂張三是人而李四非人可與不但是也均此一人也初生則有乳名稍長則有正名既冠而字又有別號是一人而三四名稱之矣然稱其名則以為犯諱故長者咸諱其名而稱字同輩則以字為嫌而稱號是以號為非名也若以為非名則不特號為非名字亦非名諱亦非名自此人初生未嘗有名字來帶將來矣胡為乎而有許多

着眼

名又胡爲乎而有可名與不可名之別也若直曰名而已則諱固名也字亦名也號亦名也與此人原不相干也又胡爲而諱胡爲而不諱也甚矣世人之迷也然猶可委曲號之稱美而名或不美焉耳然朱晦翁之號不美矣朱熹之名美矣熹者光明之稱而晦者晦昧不明之象朱子自謙之號也今者稱晦菴則學者皆喜若稱之曰朱熹則必甚怒而按劍矣是稱其至美者則以爲諱而舉其不美者反以爲喜是不欲朱子美而欲朱子不美也豈不亦顛倒之甚與近

世又且以號爲諱而直稱曰翁曰老矣夫使翁而可
以尊人則曰爺曰爹亦可以尊人也若以爲爺者奴
隸之稱則今之子稱爹孫稱爺者非奴隸也爺之極
爲翁爹之極爲老稱翁稱老者非奴隸事獨非兒孫
事乎又胡爲而舉世皆與我爲兒孫也近世稍知反
古者至或同儕相與呼字以爲不俗吁若眞不俗稱
字固不俗稱號亦未嘗俗也葢直曰名之而已又何
爲乎獨不可同於俗也吾以謂稱爹與爺亦無不可
也由是觀之則所謂善與惡之名率若此矣葢惟志

於仁者，然後無惡之可名，此蓋自善惡未分之前言之耳，此時善且無，有何有於惡也邪，噫，非苟志於仁者，其孰能知之，苟者，誠也，仁者，生之理也，學者欲知無惡乎，其如志仁之學，吾未之見也與哉

○復宋太守

千聖同心，至言無二，紙上陳語，皆千聖苦心苦口爲後賢後人，但隨機說法，有大小二乘，以待上下二根，苟是上士，則當究明聖人上語，若甘爲下士，只作世間完人，則不但孔聖以及上古經籍爲當服膺不失

雖近世有識名士，一言一句皆有切于身心，皆不可以陳語目之也，且無徵不信久矣，苟不取陳語以相證，恐聽者益以駭愕，故凡論說必據經引傳，亦不得已焉耳，今據經則以爲陳語，漫出胸臆則以爲無當，則言者亦難矣，凡言者言乎其不得不言者也，爲自己本分上事，未見親切，故取陳語以自考驗，庶幾合符，非有閒心事閒工夫，欲替古人擔憂也，古人往矣，自無憂可擔，所以有憂者，謂於古人上乘之談，未見有契合處，是以日夜焦心，見朋友則共討論，若只作一無完人，則千古格言盡足受用，半字無得說矣。所以但相見便相訂證者，以心志頗大，不甘爲一無人士也。兄若恕其罪而取其心，則弟猶得免于罪責；如以爲大言不慚，貢高矜己，則終將緘默，亦容易耳。

○○答耿中丞論淡

無人自晝寐語，公獨於寐中作白晝語，可謂常惺惺矣。子禮於此淨業亦見得分數明，但不知湔磨刷滌之云果何所指也。夫古之聖人，蓋嘗用湔刷之功矣，但所謂湔磨者，乃湔磨其意識；所謂刷滌者，乃刷滌其閙見若當下意識不行，閙見不立，則此皆爲寐語。但有纖毫，便不是淡，非常惺惺法也。蓋必不厭，然後可以語淡。故曰：君子之道，淡而不厭。若尚有所忻羨，則必有所厭舍，非淡也。又惟淡則自然不厭，故曰：我學不厭。若以不厭爲學的，而務學之以至于不厭，則終不免有厭時矣，非淡也，非虞廷精一之旨也。蓋精則一，一則純；不精則不一，不一則雜，雜則不淡矣。由此觀之，淡豈可以易言乎？是以古之聖人終其身于問學之塲焉，講習討論，心解力行，以至于寢食俱廢者爲淡也淡又非可以智力求淡又非可以有心得夫世之君子厭常者必喜新而惡夫異者則又不樂語怪不知人能放開眼目固無尋常而不奇怪亦無奇怪而不尋常也經世之外寧別有出世之方乎出世之旨豈復有外於經世之事乎故達人宏識一見虞廷揖讓便與三盃酒齊觀巍巍堯舜事業便與太虛空浮雲並壽無他故焉其見大也見大故心泰心泰故無不足既無不足矣而又何羨邪若祇以平日之所飫聞習見者爲平常而以其罕聞驟見者爲怪

異則怪異平常便是兩事經世出世便是兩心勦學之盛揖遜之隆比之三家村裏甕牖酒人眞不啻幾千萬里矣雖欲淡得與雖欲無然歆羨又將能與此無他其見小也願公更不必論瀹磨刷滌之功而惟直言問學開大之益更不必慮虛見積習之深而惟切究師友淵源之自則康節所謂玄酒味方淡大音聲正希者當自得之不期淡而自淡矣不亦庶乎契公作人之旨而不謬爲常惺惺語也邪

答劉憲長

自孔子後，學孔子者便以師道自任，未曾一日爲人弟子，便去終身爲人之師，以爲此乃孔子家法，不如是，不成孔子也。不知一爲人師，便只有我教人，無人肎來教我矣。且孔子而前，豈無聖人，要皆遭際明時，得位行志。其不遇者，如太公八十已前，傅說版築之先，使不遇文王、高宗，終身渭濱老叟、巖穴胥靡之徒而已，夫誰知之，彼蓋亦不求人知也。直至孔子而始有師生之名，非孔子樂爲人之師也，亦以逼迫不過，如關令尹之遇老子，關住當關，不肎放出，不得已而後授以五千言文字，但老子畢竟西遊，不知去向，惟孔子隨順並閒周遊，既廣，及門漸多，又得天生聰明顏子，與之辯論，東西遨遊，既無好興，有賢弟子，亦足暢懷，遂成師弟名目，亦偶然也。然顏子沒而好學遂亡，則雖有弟子之名，亦無有弟子之實矣。弟每笑此等輩，是以情願終身爲人弟子，不肯一日爲人師父，茲承遠使童子前來出家，弟謂剃髮未易，且令觀政數時，果發願心，然後落髮，未晚，縱不落髮，亦自不妨，在彼在此，可以任意，不必立定跟腳也。蓋生死事大

非辨鐵石心腸未易輕造如果眞怕生死在家出家
等無有異目今巍冠博帶多少肉身菩薩在于世上
何有棄家去髮然後成佛乎如弟不才資質魯鈍又
性僻嬾倦於應酬故托此以逃非爲眞實究竟當如
是也如丈朴實英發非再來菩薩而何若果必待功
成名遂乃去整頓手腳晚矣今不必論他人即今友
山見在西川他何曾以做官做佛爲兩事哉得則頓
同諸佛不理會則當面錯過但不空以空談爲事耳

答周友山

所諭豈不是第各人各自有過活物件以酒爲樂者以酒爲生如某是也以色爲樂者以色爲命如某是也至如種種或以博奕或以妻子或以功業或以文章或以富貴隨其一件皆可度日獨予不知何說專以良友爲生故有之則樂舍之則憂甚者馳神于數千里之外明知不可必得而神思奔逸不可得而制也此豈非天之所獨苦耶無念已往南京庵中甚清氣楚侗回雖不曾相會然覺有動移處所憾不得細細商確一番彼此俱老矣縣中一月間報赴閻王之

名者遂至四五人、年皆未滿五十、令我驚憂、又不免重爲楚侗老子憂也、蓋今之道學、亦未有勝似楚侗老者、叔臺想必過家、過家必到舊縣、則得相聚也

○答周柳塘

伏中微洩秋候、自當清泰、弟若不小洩、是以火盛無之奈何、樓下僅容喘息、念上天降虐、秖爲大地人作惡、故重譴之、若不勉受酷責、是愈重上帝之怒、有飯喫而受熱、比空腹受熱何如、以此思之。故雖熱不覺熱也。且天災時行、人亦難逃、人人亦自有過活良法

所謂君子用智小人用力強者有搬運之能弱者有就食之策自然生出許多計智最下者無力無策又自有身任父母之憂者大爲設法區處非我輩並生並育之民所能與謀也蓋自有受命治水之禹承命教稼之稷自然當任已饑已溺之事捄焚拯溺之憂我輩安能代大匠斲哉我輩惟是各親其親各友其友各自有親友各自相告訴各各盡心量力相捄助若非吾親友非吾所能謀亦非吾所宜謀也何也願外之思出位之誚也

○○與耿司寇告別

新邑明睿唯公家二三子姪可以語上可與言而不與之言失人此則不肖之罪也其餘諸年少或聰明未啓或志向未專所謂不可與言而與之言則爲失言此則僕無是矣雖然寧可失言不可失人失言猶可失人豈可乎哉蓋人才自古爲難也夫以人才難得如此苟幸一得焉而又失之豈不憾哉嗟夫顏子沒而未聞好學在夫子時固已苦於人之難得矣是以求之七十子之中而不得乃求之于三千之衆求

之三千而不得乃不得已焉周流四方以求之旣而求之上下四方而卒無得也於是動歸于之嘆曰歸與歸與吾黨小子亦有可裁者其切切焉唯恐失人如此以是知中行眞不可以必得也狂者不蹈故襲不踐往跡見識高矣所謂如鳳皇翔于千仞之上誰能當之而不信凡鳥之平常與已均同於物類是以見雖高而不實不實則不中行矣狷者行一不義殺一不辜而得天下不爲如夷齊之倫其守定矣所謂虎豹在山百獸震恐誰敢犯之而不信凡走之皆獸

是以守雖定而不虛不虛則不中行矣是故曾點終於狂而不實而曾參信道之後遂能以中虛而不易終身之定守者則夫子來歸而後得斯人也不然豈不以失此人爲憾乎哉若夫賊德之鄉愿則雖過門而不欲其入室蓋拒絕之深矣而肎遽以人類視之哉而今事不得已亦且與鄉愿爲侶方且盡忠告之誠欲以納之於道其爲所讐疾無足怪也失言故耳雖然失言亦何害乎所患惟恐失人耳苟萬分一有失人之悔則終身抱痛死且不瞑目矣蓋論好人極

好猶處則鄉愿爲第一論載道而承千聖絕學則舍
狂狷將何之乎公今宦遊半天下矣兩京又人物之
淵左顧右盼招提接引亦曾得斯人乎抑求之而未
得也抑亦未嘗求之者與抑求而得者皆非狂狷之
士縱有狂者終以不貫見弃而清如伯夷反以行之
似廉潔者當之也審如此則公終不免有失人之悔
矣夫夷齊就養於西伯而不忍幸生於武王父爲西
伯則千里就食而甘爲門下之客以其能服事殷也
子爲周王則寧餓死而不肯一食其土之薇爲其以

暴易暴也曾元之告曾子曰夫子之病亟矣幸而至於旦更易之曾子曰君子之愛人以德並人之愛人也以姑息吾何求哉吾得正而斃焉斯已矣元起易簀反席未安而沒此與伯夷餓死何異而可遂以鄉愿之廉潔當之也故學道而非此輩終不可以得道傳道而非此輩終不可以語道有狂狷而不聞道者有之未有非狂狷而能聞道者也僕今將告別矣復致意狂狷與失人失言之輕重者亦謂惟此可以少答萬一爾賤眷思歸不得不遣僕則行遊四方效古

人之求友，蓋孔子求友之勝己者，欲以傳道，所謂繇過於師，方堪傳授是也。吾輩求友之勝己者，欲以證道，所謂三上洞山，九到投子是也。

○○○答耿司寇

此來一番承教，方可稱真講學，方可稱真朋友。公不知何故而必欲教我，我亦不知何故而必欲求教於公，方可稱是不容已真機，自有莫知其然而然者矣。

嗟夫，朋友道絕久矣。予嘗謬謂千古有君臣，無朋友，豈過論與？夫君猶龍也，下有逆鱗，犯者必死，然而以死諫者相踵也何也死而博死諫之名則志士亦願爲之況未必死而遂有巨福耶避害之心不足以勝其名利之心以故犯害而不顧況無其害而且有大利乎若夫朋友則不然幸而入則分毫無我益不幸而不相入則小者必爭大者爲讐何心老至以此殺身身殺而名又不成此其昭昭可監也故予謂千古無朋友者謂無利也是以犯顏敢諫之士恒見於君臣之際而絕不聞之友朋之間今者何幸而見僕之於公耶是可貴也又何幸而得公之敎僕耶眞可羨

也快哉怡哉居然復見偲偲切切景象矣然則豈惟公愛依倣孔子僕亦未嘗不願依倣之也惟公之所不容已者在於泛愛人而不欲其擇人我之所不容已者在於爲吾道得人而不欲輕以與人徵覺不同耳公之所不容已者乃人生十五歲以前弟子職諸篇入孝出弟等事我之所不容已者乃十五成人以後爲大人明大學欲去明明德於天下等事公之所不容已者博而惟在於痛癢之末我之所不容已者專而惟直收吾開眼之功公之所不容已者多雨露

之滋潤是故不請而自至如村學訓蒙師然以故取効寡而用力艱我之所不容已者多霜雪之凜冽是故必待價而後沽又如大將用兵直先擒王以故用力少而奏功大雖各各手段不同然其爲不容已之本心一也心苟一矣則公不容已之論固可以相忘於無言矣若謂公之不容已者爲是我之不容已者爲非公之不容已者是聖學我之不容已者是異學則吾不能知之矣公之不容已者是知其不可以已而必欲其不已者爲眞不容已我之不容已者是不

知其不容已而自然不容已者非孔聖人之不容已則吾又不能知之矣恐公於此尚有執己自是之病在恐未可遽以人皆悅之而遂自以爲是而遽非人之不是也恐未可遽以在邦必聞而遂居之不疑而遂以人盡異學通非孔孟之正脉笑之也我謂公之不容已處若果是則世人之不容已處總皆是若世人之不容已處誠未是則公之不容已處亦未必是也此又我之眞不容已處耳未知是否幸一教焉試觀公之行事殊無甚異於人者人盡如此我亦如此

公亦如此自朝至暮自有知識以至今日均之耕田而求食買地而求種架屋而求安讀書而求科第居官而求尊顯博求風水以求福蔭子孫種種日用皆爲自己身家計慮無一釐爲人謀者及乎開口談學便說爾爲自己我爲他人爾爲自私我欲利他我憐東家之饑矣又思西家之寒難可忍也某等肎上門教人矣是孔孟之志也某等不肎會人是自私自利之徒也某行雖不謹而肎與人爲善某等行雖端謹而好以佛法害人以此而觀所講者未必公之所行

所行者又公之所不講其與言顧行行顧言何異乎以是謂非孔聖之訓乎翻思此等反不如市井小夫身履是事口便說是事作生意者但說生意力田作者但說力田鑿鑿有味真有德之言令人聽之忘厭倦矣夫孔子所云言顧行者何也彼自謂於子臣弟友之道有未能盡真未之能非假謙也人生世間惟是四者終身用之安有盡期若謂我能則自止而不復有進矣聖人知此最難盡故自謂未能已實未能則說我不能是言顧其行也說我未能實是不能是

行顧其言也。故爲慥慥。故爲有恒。故爲主忠信。故爲毋自欺。故爲眞聖人耳。不似今人全不知己之未能。而務以此四者責人教人所求于人者重而所自任者輕。人其肯信之乎。聖人不責人之必能。是以人人皆可以爲聖。故陽明先生曰。滿街皆聖人。佛氏亦曰。即心即佛。人人是佛。夫惟人人之皆聖人也。是以聖人無別不容已道理可以示人也。故曰予欲無言。夫惟人人之皆佛也。是以佛未嘗度衆生也。無衆生相。安有人相。無道理相。安有我相。無我相。故能舍己。無人相故能從人非強之也以親見人人之皆佛而善與人同故也善既與人同何獨於我而有善乎人與我既同此善何有一人之善而不可取乎故曰自耕稼陶漁以至爲帝無非取諸人者後人推而誦之曰即此取人爲善便自與人爲善矣舜初未嘗有欲與人爲善之心也使舜先存與善之心以取人則其取善也必不誠人心至神亦遂不之與舜亦必不能以與之矣舜惟終身知善之在人吾惟取之而已耕稼陶漁之人既無不可取則千聖萬賢之善獨不可取

乎又何必專學孔子而後爲正脉也夫人既無不可取之善則我自無善可與無道可言矣然則子禮不許講學之談亦太苦心矣安在其爲挫抑柳老而必欲爲柳老伸屈爲柳老遮護至此乎又安見其爲子禮之口過而又欲爲子禮掩蓋之邪公之用心亦太瑣細矣既已長篇大篇書行𠁊聞又令別人勿傳是何背戾也反覆詳翫公之用心亦太不直矣且子禮未嘗自認以爲已過縱有過渠亦不自蓋覆而公乃反爲之覆此誠何心也古之君子其過也如日月之

食人皆見而又皆仰今之君子豈徒順之而又爲之辭公其以爲何如乎柳老平生正坐冥然寂然不以介懷故不長進公獨以爲柳老誇又何也豈公有所憾於柳老而不欲其長進邪然則予禮之愛柳老者心髓公之愛柳老者皮膚又不言可知矣柳老於予禮爲兄渠之兄弟尚多也而獨注意於柳老柳老又不在仕途又不與之鄰舍與田無可爭者其不爲毀柳老以成其私又可知矣既無半點私意則所云者純是一片赤心公固聰明何獨昧此乎縱予禮之言

不是則當爲子禮惜而不當爲柳老憂若子禮之言
是則當爲柳老惜固宜將此平日自負孔聖正脉不
容已眞機直爲柳老委曲開導柳老惟知敬信公者
也所言未必不入也今若此則何益於柳老柳老又
何貴於與公相知哉然則子禮口過之稱亦謂無可
奈何姑爲是言以逭責耳設使柳老所造已深未易
窺見則公當大爲柳老喜而又不必患其介意矣何
也遯世不見知而不悔此學的也衆人不知我之學
則吾爲賢人矣此可喜也賢人不知我之學則我爲

聖人矣又不愈可喜乎聖人不知我之學則吾爲神人矣尤不愈可喜乎當時知孔子者唯顔子雖子貢之徒亦不之知此眞所以爲孔子耳又安在乎必於子禮之知之也又安見其爲挫抑柳老使劉金吾諸公輩輕視我等也邪我謂不患人之輕視我等我等正自輕視耳區區護名何時遮蓋得完邪且吾聞金吾亦人傑也公切切焉欲其講學是何主意豈以公之行履有加於金吾邪若有加幸一一示我我亦看得見也若不能有加而欲彼就我講此無益之虛談

是又何說也吾恐不足以誑三尺之童子而可以誑豪傑之士哉然則孔子之講學非與孔子直謂聖愚一律不容加損所謂麒麟與凡獸並走凡鳥與鳳皇齊飛皆同類也所謂萬物皆吾同體是也而獨有出類之學唯孔子知之故孟子言之有味耳然究其所以出類者則在于巧中焉巧處又不可容力今不於不可用力處參究而唯欲於致力處着脚則已先孔孟不傳之秘矣此爲何等事而又可輕以與人談邪公聞此言必以爲異端人只宜以訓蒙爲事而但借

明明德以爲題目可矣何必說此虛無寂滅之教以眩惑人邪夫所謂仙佛與儒皆其名耳孔子知人之好名也故以名教誘之大雄氏知人之怕死也故以死懼之老氏知人之貪生也故以長生引之皆不得已權立名色以化誘後人非眞實也唯顏子知之故曰夫子善誘今某之行事有一不與公同者乎亦好做官亦好富貴亦有妻孥亦有廬舍亦有朋友亦會賓客公豈能勝我乎何爲乎公獨有學可講獨有許多不容已處也我既與公一同則一切弃人倫離妻

室削髮披緇等語公亦可以相忘於無言矣何也僕未嘗有一件不與公同也但公為大官耳學問豈因大官長乎學問如因大官長則孔孟當不敢開口矣且東郭先生非公所得而擬也東郭先生專發揮陽明先生良知之旨以繼往開來為己任其妙處全在不避惡名以救同類之急公其能此乎我知公詳矣公其再勿說謊也須如東郭先生方可說是眞不容已近時唯龍溪先生足以繼之近溪先生稍能繼之公繼東郭先生終不得也何也名心太重也回護太

多也實多惡也而專談志仁無惡實偏私所好也而專談汎愛博愛實執定已見也而專談不可自是公看近溪有此乎龍溪有此乎況東郭哉此非強爲爾也諸老皆實實見得善與人同不容分別故耳既無分別又何惡乎公今種種分別如此舉世道學無有當公心者雖以心齋先生亦在雜種不入公彀率矣況其他乎其同時所喜者僅僅胡廬山耳麻城周柳塘新邑吳少虞只此二公爲特出則公之取善亦太狹矣何以能明明德於天下也我非不知敬順公之

爲美也以齊人莫如我敬王也亦非不知順公則公必愛我公既愛我則合縣士民俱禮敬我吳少虞亦必敬我官吏師生人等俱來敬我何等好過日子何等快活但以衆人俱來敬我終不如公一人獨知敬我公一人敬我終不如公之自敬也吁公果能自敬則予何說乎自敬伊何戒謹不覩恐懼不聞毋自欺求自慊慎其獨孔聖人之自敬者蓋如此若不能自敬而能敬人未之有也所謂本亂而求末之治無是理也故曰壹是皆以脩身爲本此正脈也此至易至

簡之學守約施博之道故曰君子之守修其身而天下平又曰人人親其親長其長而天下平又曰上老老而民興孝更不言如何去平天下但只道修身二字而已孔門之教如此而已吾不知何處更有不容已之說也公勿以修身爲易明明德爲不難恐人便不肯用工夫也實寔欲明明德者工夫正好艱難在埋頭二三十年尚未得到手如何可說無工夫也龍溪先生年至九十自二十歲爲學又得明師所探討者盡天下書所求正者盡四方人到末年方得實詣

可謂無工夫乎公但用自已工夫勿愁人無工夫用也有志者自然來共學無志者雖與之談何益近溪先生從幼聞道一第十年乃官至今七十二歲猶歷涉江湖各處訪人豈專爲傳法計與蓋亦有不容已者彼其一生好名近來稍知藏名之法歷江右兩浙姑蘇以至秣陵無一道學不去參訪雖弟子之求師未有若彼之切者可謂致了良知更無工夫乎然則公第用起工夫耳儒家書儘足參詳不必別覩釋典也解釋文字終難契入執定已見終難空空耘人之

以逃名避譏於一時、所謂賢聖大人者、茲承過辱、勤懇慰諭、雖眞肉骨、不啻此矣、何能謝、第日者奉敎、尚有未盡請益者、謹略陳之、夫舜之好察邇言者、于以謂非至聖、則不能察、非不自聖、則亦不能察也、已至於聖、則自能知衆言之非邇、無一邇言而非眞聖人之言者、無一邇言而非眞聖人之言、則天下無一人而不是眞聖人之人明矣、非強爲也、彼蓋曾實用知人之功、而眞見本來面目、無人故也、實從事爲我之學、而親見本來面目、無我故也、本來無無我故本來無聖本來無聖，又安得見已之爲聖人，而天下之人之非聖人耶？本來無人，則本來無邇，本來無邇，又安見邇言之不可察，而更有聖人之言之可以察也耶？故曰，自耕稼陶漁無非取諸人者，居深山之中，木石居而鹿豕遊，而所聞皆善言，所見皆善行也，此豈強爲決如是故，今試就生一人論之，生猾隘人也，所相與處，至無幾也，間或見一二同參，從入無門，不免生菩提心，就此百姓日用處提撕一番，如好貨，如好色，如勤學，如進取，如多積金寶，如多買田宅爲子孫謀，博求風水爲兒孫福蔭，凡世間一切治生產業等事，皆其所共好而共習，共知而共言者，是眞邇言也。於此果能反而求之，頓得此心，識得本來面目，則無始曠劫未明大事，當下了畢。此予之實證實得處也。而皆自於好察邇言得之，故不識諱忌，時時提唱此語。而令師反以我爲害人，誑誘他後生小子，深痛惡我。不知他之所謂後生小子，卽我之後生小子也，我又安忍害之？但我之所好察者，百姓日用之邇言也，則我亦與百姓同其邇言者，而奈何令師之不好察也？生言及此非自當于大舜也亦以不自見聖而能見人人之皆聖人者與舜同也不知其言之爲邇而能好察此邇言者與舜同也今試就正於門下門下果以與舜同其好察者是乎不與舜同其好察者是乎自然好察者是乎強以爲邇言之中必有至理然後從而加意以察之者爲是乎愚以爲強而好察者或可強于一時必不免敗缺於終身可勉強于衆人之前必不免敗露于予一人之後也此豈予好求勝而務欲令師之必予察也哉蓋此正舜蹠之分利與善之

關、至甚可畏、而至甚不可以不察也、既繫友朋、性命眞切、甚於肉骨、容能自已、而一任其不知察乎、俗人不知、謬謂生於令師有所言說、非公聽明、孰能遽信予之衷赤也哉、然此好察邇言、原是要緊之事、亦原是最難之事、何者、能好察則得本心、然非實得本心者、決必不能好察、故愚每每大言曰、如今海內無人、正謂此也、所以無人者、以丗之學者但知欲做無我無人工夫、而不知原來無我無人、自不容做也、若有做作、卽有安排、便不能久、不免流入欺已欺人、不能

誠意之病欲其自得終無日矣然懇雖以此好察日
望於令師亦豈敢遂以此好察邇言取必於令師也
哉但念令師於此未可遽以爲害人使人反笑令師
耳何也若以爲害人則孔子仁者人也之説孟氏仁
人心也之説達磨西來單傳直指諸説皆爲欺世誑
人作誑語以惑亂天下後世矣尚安得有周程尚安
得有陽明心齋大洲諸先生及六祖馬祖臨濟諸佛
祖事邪是以不得不爲法辨耳千語萬語只是一語
千辯萬辯不出一辯恐令師或未能察故因此附發

於大智之前冀有方便或爲我轉致之耳且愚之所
好察者邇言也而吾身之所履者則不貪財也不好
色也不居權勢也不患失得也不遺居積於後人也
不求風水以圖福蔭也言雖邇而所爲復不邇者何
居愚以爲此特出之人不知學問者以爲不邇耳自
大道觀之則皆邇也未曾問學者以爲邇耳自大道
視之則皆不邇也然則人人各自有一種方便法門
既不俟取法於子矣況萬物並育原不相害者而謂
子能害之可歟吾且以邇言證之凡今之人自生至

老自一家以至萬家自一國以至天下凡邇言中事孰待教而後行乎趨利避害人人同心是謂天成是謂衆巧邇言之所以爲妙也大舜之所以好察而爲古今之大智也今令師之所以自爲者未嘗有一釐自背於邇言而所以詔學者則必曰專志道德無求功名不可貪位慕祿也不可患得患失也不可貪貨貪色多買寵妾田宅爲子孫業也視一切邇言皆如毒藥利刃非但不好察之矣審如是其誰聽之若曰我亦知毋之人惟邇言是就必不我聽也但爲人宗

師不得不如此立論以教人耳果不如此自不妨古昔皆然皆以此教導愚人免使法堂草加深三尺耳矣但不應昧却此心便說我害人也世間未有以大舜望人而乃以為害人者也以大舜事令師而乃以為慢令師者也此皆至邇至淺至易曉之言想令師必然聽察第此時你惡已深未便翻然若江河決耳故敢直望門下惟門下大力自能握此旋轉機權也若曰居士向日儒服而強談佛今居佛國矣又強談儒則於令師當絕望矣

○復周柳塘

弟早知兄不敢以此忠告進耿老也。夫彼專談無善無惡之學，我則以無善無惡待之；若於彼前而又談遷善去惡事，則我爲無眼人矣。彼專談遷善去惡之學者，我則以遷善去惡望之；若於彼前而不責以遷善去惡事，則我亦爲無眼人矣。惟是一等無緊要人，一言之失，不過自失；一行之差，不過自差，於世無與，可勿論也。若特地出來要扶綱常、立人極、繼往古、開羣蒙，有如許擔荷，則一言之失乃四海之所觀聽，一行之謬，乃後生小子輩之所效尤，豈易放過乎。如弟豈特於世上爲無要緊人，息焉游焉，直與艸木同腐，故自視其身亦遂爲朽敗不堪復用之器，任狂恣意，誠不足責也。若如二老，自負何如，關繫何如，而可輕邪。弟是以效孔門之忠告，竊前賢之善道，舁善柔之賤態，附直諒之後列，直欲以完名全節付二老，故遂不自知其犯于不可則止之科耳。雖然，二老何如人邪。夫以我一無要緊之人，我二老猶時時以遷善改過望之，況如耿老，而猶不可以遷善去惡之說進乎。而

安敢以不可則止之戒事二老也偶有匡廬之興且小樓不堪熱毒亦可因以避暑待秋涼歸來與兄當大講務欲成就此間要緊漢矣

○○寄答大中丞

觀二公論學一者說得好聽而未必皆其所能行一者說得未見好聽而皆其所能行非但已能行亦衆人之所能行也已能行而後言是謂先行其言已未能行而先言則謂言不顧行吾從其能行者而已吾從衆人之所能行者而已夫知己之可能又知人之

皆可能是己之善與人同也是無己而非人也而何

己之不能舍既知人之可能又知己之皆可能是人

之善與己同也是無人而非己也而何人之不可從

此無人無己之學參贊位育之實扶世立教之原蓋

眞有見于善與人同之極故也今不知善與人同之

學而徒慕舍己從人之名是有意於舍己也有意舍

己即是有己有意從人即是有人況未能舍己而徒

言舍己以教人乎若眞能舍己則二公皆當舍矣今

皆不能舍己以相從又何日夜切切以舍己言也教

人以舍己，而自不能舍，則所云舍己從人者妄也，非大舜舍己從人之謂也。言舍己者，可以反而思矣。眞舍己者，不見有己，不見有己，則無己可舍，無己可舍，故曰舍己。所以然者，學先知，己故也。眞從人者，不見有人，不見有人，則無人可從，無人可從，故曰從人。所以然者，學先知，人故也。今不知己，而但言舍己，不知人，而但言從人，毋怪其執恪不舍，堅拒不從，而又日夜言舍己從人以欺人也。人其可欺乎？徒自欺耳，毋他，扶堅立教之念爲之祟也。扶堅立教之念，先知先覺之任爲之先也先知先覺之任奸臣所教之心爲之驅也以故終日言扶世而未嘗扶得一時其與未嘗以扶世爲巳任者等耳終日言立教未嘗教得一人其與未嘗以立教爲巳任者均焉此可恥之大者所謂恥其言而過其行者非邪所謂不恥不若人何若人有者又非邪吾謂欲得扶世須如海剛峰之憫世方可稱眞扶世人矣欲得立教須如嚴寅所之宅身方可稱眞立教人矣然二老有扶世立教之實而絕口不道扶世立教之言雖絕口不道扶世立教之言人亦

未嘗不以扶世立教之實歸之、今無其實、而自高其名可乎。且所謂扶世立教參贊位育者、雖聾瞽侏跛亦能之、則仲子之言旣已契於心矣。縱能扶得世教成得參贊位育、亦不過能侏跛聾瞽之所共能者、有何奇巧而必欲以爲天下之重而任之邪。若不信侏跛聾瞽之能參贊位育、而別求所謂參贊位育以勝之、以爲今之學道者皆自私自利而不知此、則亦不得謂之參贊位育矣。是一己之位育參贊也、聖人不如是也、

李氏焚書卷之一

## 書答

### ○與莊純夫

日在到、知葬事畢、可喜可喜、人生一世、如此而已、相聚四十餘年、情境甚熟、亦猶作客幷州、既多時、自同故鄉、難遽離割也、夫婦之際、恩情尤甚、兼以辛勤拮据、有內助之益、若平日有如賓之敬、齊眉之誠、孝友忠信、損巳利人、勝似今世稱學道者、徒有名而無實、則臨別猶難割捨也、何也、婦行、婦功、婦言、婦德、自然令人思念爾岳母黃宜人是矣獨有講學一事不信人言稍稍可憾餘則皆今人所未有我雖鐵石作肝能不慨然況臨老各天不及永訣耶已矣已矣自聞訃後無一夜不入夢但俱不知是夢豈眞到此乎抑吾念之魂自相招也想他平生謹慎必不輕履僧堂然僧堂一到亦有何妨要之皆未脫灑耳既單有魂靈何男何女何遠何近何拘何礙若猶如舊日拘礙不通則終無出頭之期矣即此魂靈猶在便知此身不死自然無所拘礙而更自作拘礙可乎即此無拘

無礙便是西方淨土極樂世界更無別有西方世界也純夫可以此書焚告爾岳母之靈俾知此意勿貪托生之樂一處胎中便有隔陰之昏勿貪人天之供一生天上便受供養頓忘卻前生自由自在夙念報盡業現還來六趣無有窮時矣爾岳母平日為人如此決生天上無疑須記吾語莫忘卻雖在天上時時不忘記取等我壽終之時一來迎接則轉轉相依可以無錯矣或暫寄念佛場中尤妙或見我平生交遊我平日所敬愛者與相歸依以待我至亦可幸勿貪

受胎，再托生也。純夫千萬焚香化紙錢，苦讀三五遍，對靈叮囑，明白誦説，則空人自能知之。

○○復焦弱侯

冲庵方履南京任，南北中外，尚未知税駕之處，而約我於明月樓，舍穩便，就跋涉，株守空山，爲侍郎守院，則亦安用李卓老爲哉。計且住此，與無念、鳳里、近城數公，朝夕龍湖之上，所望兄長盡心供職。弟嘗謂世間有三等人，致使世間不得太平，皆由兩頭照管。第一等，怕居官束縛，而心中又舍不得官。既苦其外，又苦其內此其人媚高而其心最苦道至舍了官方得自在弟等是也又有一等本為富貴而外矯詞以為不願實欲托此以為榮身之梯又兼採道德仁義之事以自蓋此其人身心俱勞無足言者獨有一等怕作官便舍官喜作官便作官喜講學便講學不喜講學便不肯講學此一等人心身俱泰手足輕安既無兩頭照顧之患又無掩蓋表揚之醜故可稱也趙文肅先生云我這箇嘴張子這箇臉也做了閣老始信萬事有前定只得心閒一日便是便宜一日世間功

名富貴、與夫道德性命、何曾束縛人、人自束縛耳、有出門如見大賓篇說書、附往請教、大抵聖言切實有用、不是空頭、若如說者、則安用聖言為邪、世間講學諸書、明快透髓、自古至今、未有如龍溪先生者、弟舊收得頗全、今俱為人取去、諸朋友中、讀經既難、讀大慧法語又難、惟讀龍溪先生書、無不喜者、以此知先生之功、在天下後、世不淺矣、楊復所心如穀種論、及惠迪從逆作、是大作家、論首三五翻透徹明甚、可惜末後作道理不稱耳、然今人要未能作此、今之學者、官重於名，名重於學，以學起名，以名起官，循環相生，而卒歸重於官。使學不足以起名，名不足以起官，則視棄名如敝箒矣。無怪乎有志者多不屑學，多以我輩爲眞光棍也。於此有恥，則羞惡之心自在。今於言不顧行處不知羞惡，而惡人作耍，所謂不能三年喪而小功是察是也。悲夫！近有不患人之不已知、患不知人說書一篇，並問人誰不說我能知人，然夫子獨以爲患，而帝堯獨以爲難，則並問自說能知人者皆妄也。於問學上親切，則能知人；能知人，則能自知。是。

知人爲自知之要務故曰我知言又曰不知言無以知人也於用盡上親切不虛則自能知人能知人則由於能自知是自知爲知人之要務故曰知人則哲能官人堯舜之知而不偏物急先務也先務者親賢之謂也親賢者知賢之謂也自古明君賢相孰不欲得賢而親之而卒所親者皆不賢則以不知其人之爲不賢而妄以爲賢而親之也故又曰不知其人可乎知人則不失人不失人則天下安矣此堯之所難夫子大聖人之所以深患者而盡人乃易視之嗚呼亦

何其猖狂不思之甚也，況乎以一時之喜怒、一人之愛憎，而欲視天下高蹈遠引之士、混俗和光之徒、皮毛臭穢之夫，如周丘其人者哉？故得位非難，立位最難，若但取一槩順己之侶，尊己之輩，則天下之士不來矣。今誦詩讀書者有矣，果知人論世否也？平日視孟軻，若不足心服，及至臨時，恐未能如彼尚論切實可用也。極知世之學者，以我此言爲妄誕逆耳，然逆耳不受，將未免復蹈同心商證故轍矣，則亦安用此大官以誑朝廷，欺天下士爲哉？毒藥利病，刮骨刺血，

非大勇如關雲長者不能受也不可以自負孔子孟
軻者而顧不如一關義勇武安王者也蘇長公何如
人故其文章自然驚天動地世人不知祇以文章稱
之不知文章直彼餘事耳世未有其人不能卓立而
能文章垂不朽者弟於全刻抄出作四冊俱世人所
未取世人所取者世人所知耳亦長公俯就世人而
作也至其眞洪鐘大呂大扣大鳴小扣小應俱繫精
神髓骨所在弟今盡數錄出時一批閱心事宛然如
對長公披襟面語憾不得再寫一部呈去請教爾儻

印出令學生子置在案頭初場二場三場畢具矣龍溪先生全刻千萬記心遺我若近溪先生刻不足觀也蓋近溪語錄須領悟者乃能觀於言語之外不然未免反加繩束非如王先生字字皆解脫門得者讀之足以印心未得者讀之足以證入也

○○○又與焦弱侯

鄭子玄者丘長孺父子文會友也文雖不如其父子而質實有恥不肯講學亦可喜故喜之蓋彼全不曾親見顏曾思孟又不曾親見周程張朱但見今之講

周程張朱者、以爲周程張朱實實如是爾也、故恥而不肎講、不講雖是過、然使學者恥而不講、以爲周程張朱卒如是而止、則今之講周程張朱者可誅也、彼以爲周程張朱者皆口談道德、而心存高官、志在巨富、既已得高官巨富矣、仍講道德說仁義自若也、又從而嘵嘵然語人曰、我欲厲俗而風世、彼謂敗俗傷世者、莫甚於講周程張朱者也、是以益不信、不信故不講、然則不講亦未爲過矣、黄生過此聞其自京師往長蘆抽豐、復跟長蘆長官、別赴新任、至九江、遇一顯者、乃舍舊從新、隨轉而北、衝風冒寒、不顧年老生死、既到麻城、見我言曰、我欲遊嵩少、彼顯者、亦欲遊嵩少、拉我同行、是以至此、然顯者俟我於城中、勢不能一宿、囘日當復道此、道此則多聚三五日而別、茲卒卒誠難割捨云、其言如此、其情何如、我揣其中實爲林汝寧好一口食難割捨耳、然林汝寧向者三任、彼無一任不往、往必滿載而歸、茲尚未厭足、如餓狗思想隔日屎、乃敢欺我以爲遊嵩少、夫以遊嵩少藏林汝寧之抽豐來嚇我、又恐林汝寧之疑其爲再尋已也復以捨不得李卓老當再來訪李卓老以衆林汝寧名利兩得身行俱全我與林汝寧皆在黃生術中而不悟可不謂巧乎今之道學何以異此由此觀之今之所謂聖人者其與今之所謂山人者一也特有幸不幸之異耳幸而能詩則自稱曰山人不幸而不能詩則辭卻山人而以聖人名幸而能講良知則自稱曰聖人不幸而不能講良知則謝卻聖人而以山人稱展轉反覆以欺世獲利名爲山人而心同商賈口談道德而志在穿窬夫名山人而心商賈既已

可鄙矣乃反掩抽豐而顯嵩少謂人可得而欺焉尤可鄙也今之講道德性命者皆遊嵩少者也今之患得患失志於高官重祿好田宅美風水以爲子孫蔭者皆其託名於林汝寧以爲舍不得李卓老者也然則鄭子玄之不肯講學其不足怪矣且商賈亦何可鄙之有挾數萬之貲經風濤之險受辱於關吏忍詬於市易辛勤萬狀所挾者重所得者末然必交結於卿大夫之門然後可以收其利而遠其害安能傲然而坐於公卿大夫之上哉今山人者名之爲商賈則

其實不持一文稱之爲山人則非公卿之門不履雖然我寧無有是乎然安知我無商賈之行之心而釋迦其衣以欺世而盜名也有則幸爲我加誅我不護痛雖然若其患得而又患失買田宅求風水等事決知免矣

○○復鄧鼎石

杜甫非耒陽之賢則不免於大水之厄相如非臨邛則程鄭卓王孫輩當以糞壤視之矣勢到逼迫時一粒一金一靑目便高增十倍價理勢然也第此時此

際大難爲區處耳謹謝謹謝焦心勞思雖知情不悉已然亦無可如何祇得盡吾力之所能爲者聞長沙衡永間大熟襄漢亦好但得官爲糴本付託得人不拘上流下流或麥或米令慣糴上戶各齎銀兩前去出產地面糴買流水不絕運到水次官復定爲平價貧民來糴者不拘銀數多少少者雖至二錢三錢亦與方便但有銀到卽流水收銀給票令其自赴水次搬取出糴者有利則樂於趨事而糴本自然不失貧民來轉糴者既有糧有米有穀有麥亦自然不慌矣

至於給票發穀之間簡便周至使人不阻不滯則自有仁慈父母在且當此際便一分便受一分賜其感戴父母又自不同也僕為在今日其所當為與所得為所急急為者不過如此若曰救荒無奇策此則俗儒之妄談何可聽哉世間何事不可處何時不可救乎堯無九年水以有救水之奇策也湯無七年旱以有救旱之奇策也彼謂蓄積多而備先具者特言其豫備之一事非臨時救之之策也惟是世人無才無術或有才術又恐利害及身百般趨避故亦遂因循

不理安坐待斃然雖自謂不能而未敢遽謂人皆不能也獨有一等俗儒已所不能爲者便謂人决不能爲而又敢猖爲大言曰捄荒無奇策嗚呼斯言出而阻天下之捄荒者必此人也然則俗儒之爲天下虐其毒豈不甚哉

○寄答京友

才難不其然乎今人盡知才難盡能言才難然竟不知才之難才到面前竟不知愛幸而知愛竟不見有若已有者不啻若自其已出者嗚呼無望之矣舉春

秋之天下無有一人能惜聖人之才者故聖人特發此嘆而深美於唐虞之隆也然則才固難矣猶時時有之而惜才者則千古未見其人焉孔子惜才矣又知人之才矣而不當其位入齊而知晏平仲居鄭而知鄭子產聞吳有季子直往觀其葬其惜才也如此使其得志肯使之湮滅而不見哉然則孔子之嘆才難非直嘆才難也直嘆惜才者之難也以謂生才甚難甚不可不愛惜也夫才有巨細有巨才矣而不得一第則無憑雖惜才其如之何幸而登上第有憑據

可藉手以薦之矣而年已過時則雖才如張襄惠亦安知聽者不以過時而遂棄其受薦者又安知其不以既老而自懈乎夫凡有大才者其可以小知處必寡其瑕疵處必多非眞具眼者與之言必不信當此數者則雖大才又安所施乎故非自己德望過人才學冠世爲當事者所倚信未易使人信而用之也

○與曾中野

昨見公令我兩箇月心事頓然氷消凍解也乃知向

之勸我者祇爲我添油熾薪耳而公絕無一語勸渠之意愈覺有加故我不覺心醉矣已矣已矣自今以往不復與柳老爲怨矣夫世間是與不是亦何常之有乃羣公勸我者不曾於是非之外有所發明而欲我藏其宿怨以外爲好合是以險側小人事我也苟得面交即口蜜腹劍皆不顧之矣以故所是愈堅而愈不可解善乎朱仲晦之言曰隱者多是帶性負氣之人僕隱者也負氣人也路見不平尚欲拔刀相助況親當其事哉然其實乃癡人也皆爲鬼所迷者也

苟不遇良朋勝友、其迷何時返乎、以此思勝己之友一日不可離也、嗟乎、楚倥既逝、而切骨之談罔聞、友山日疎、而苦口之言不至、僕之迷久矣、何特今日也、自今已矣、不復與柳老爲怨矣、且兩人皆六十四矣、縱多壽考、決不復有六十四年在人丗上矣、如僕者、非但月化、亦且日衰、其能久乎、死期已逼、而豪氣尚在、可笑也已

○與曾繼泉

聞公欲薙髮、此甚不可、公有妻妾田宅、且未有子、未

有子、則妻妾田宅何所寄託、有妻妾田宅、則無故割
棄、非但不仁、亦甚不義也、果生死道念眞切、在家方
便尤勝出家萬倍、今試問公、果能持鉢沿門乞食乎、
果能窮餓數日、不求一餐於人乎、若皆不能、而猶靠
田作過活、則在家修行、不更方便乎、我當初學道、非
但有妻室、亦且爲宰官、奔走四方、往來數萬里、但覺
學問日日得力耳、後因寓楚、欲親就良師友、而賤眷
苦不肯留、故令小壻小女送之歸、然有親女外甥等、
朝夕伏侍、居官俸餘、又以盡數交與、只留我一身在、

然則我黃安人雖然同歸，我實不用牽掛，以故我得安心寓此，與朋友嬉遊也。其所以落髮者，則因家後閑雜人等，時時望我歸去，又時時不遠千里來迫我以俗事，強我，故我剃髮以示不歸，俗事亦决然不肎與理也。又此間無見識人，多以異端目我，故我遂爲異端，以成彼豎子之名。兼此數者，陡然去髮，非其心也。實則以年紀老大，不多時居人世矣。如公壯年，正好生子，正好做人，正好向上，且田地不多，家業不大，又正好過日子，不似大富貴人家計滿目，無半點閒

空也、何必落髮出家、然後學道乎、我非落髮出家始
學道也、千萬記取
○答劉方伯書
此事如饑渴然、饑定思食、渴定思飲、夫天下曷嘗有
不思食飲之人哉、其所以不思食飲者、有故矣、病在
雜食也、今觀大地眾生、謂不犯是雜食病者、雜食謂
何、見小而欲速也、所見在形骸之內、而形骸之外則
不見也、所欲在數十年之久、而萬億年數則不欲也、
夫功名富貴、大地眾生所以奉此七尺之身者也、是

形骸以內物也其急宜也是故終其身役役焉幾化
心以奉此身直至百歲而後止是百歲之食飲也凡
在百歲之內者所其饑渴而求也而不知止者猶笑
之曰是奚足哉男兒須爲子孫立不拔之基安可以
身死而遂止乎於是卜宅而求諸陽卜地而求諸陰
務圖吉地以覆蔭後人是又數十世之食飲也凡貪
此數十世之食飲者所其饑渴而求也故或積德於
冥冥或施報於昭昭其用心至繁至密其爲頻至賾
至衆然皆貪此一口無窮茶飯以貽後人耳而賢者

又笑之曰此安能久此又安足云且夫形骸外矣勞其心以事形骸智者不爲也況復勞其形骸以爲兒孫作牛馬乎男兒生世要當立不朽之名是啖名者也名既其所食啖之物則饑渴以求之亦自無所不至矣不知名雖長久要與天壤相敝者也故天地有盡則此名亦盡安得久乎而達者又笑之曰名與身孰親夫役此心以奉此身已謂之愚矣況役此心以求身外之名乎然則名不親于身審矣而乃謂疾沒世而名不稱者又何說也蓋衆人之病病在好利賢

者之病，病在好名，苟不以名誘之，則其言不入矣。惟漸次導之，使令歸實，歸實之後，名亦無有，故曰夫子善誘。然顏氏沒，而能知夫子之善誘者亡矣。故顏子沒而夫子善誘之術遂窮。吁，大地衆生，惟其見小而欲速，故其所食飲者，盡若此止矣。而達者其誰乎。而欲其思孔顏之食飲者，不亦難乎。故愚謂千載而下，雖有孔子出而善誘之，亦必不能易其所饑渴以就吾之食飲也。計惟有自飽自歌自飲自舞而已。況如生者，方外托身，離羣逃世，而敢呶呶嘵嘵，不知自止以犯非徒無益而且有禍之戒乎然則今之自以為孔子而欲誘人使從我者可笑也何也孔子已不能得之於顏子之外也其誰與饑渴之懷以與我共食飲乎此也邪縱滿盤堆積極山海之羞盡龍鳳之髓跪而獻納必遭怒遣而訶斥矣縱或假相承奉聊一舉箸即吐噦隨之矣何者原非其所食飲之物自不容招呼而求以與之共也然則生孔子之後者講學終無益矣雖欲不落髮出家求方外之友以為伴侶又可得邪然則生乎今之世果終莫與共食飲也歟

誠終莫與莫食飲也已

○答莊純夫書

學問須時時拈掇，乃時時受用，縱無　須去尋人講，益日講則日新，非爲人也，乃專專爲巳也。龍溪、近溪二大老可以觀矣，渠豈不知此事無巧法邪？佛祖眞仙，大率沒身於此不衰也，今人不知，皆以好度人目之，即差却題目矣。

○與周友山書

不肖株守黄麻一十二年矣，近日方得一覽黄鶴之勝、尚未眺晴川、遊九峰也、即蒙憂世者、有左道惑衆之逐、弟反覆思之、平生寔未曾會得一人、不知所惑何人也、然左道之稱、弟實不能逃焉、何也、孤居日久、善言罔聞、兼以衰朽、怖死念深、或恐犯此耳、不意憂世者、乃肎垂大慈悲教我如此也、即日加冠畜髮、復完本來面目、二三侍者、人與員帽一頂、全不見有僧相矣、如此服善從教、不知可逭左道之誅否、想仲尼不為已甚、諸公遵守孔門家法、决知從寬發落、許其改過自新無疑、然事勢難料、情理不常、若守其禁約、不可輕恕務欲窮之於其所往則大地皆其禁域亦安所逃死乎弟於此進退維谷將欲明日遂行則故舊難捨將遂從服過宋則司城貞子乘生兄高明為我商之如何然弟之改過實出本心蓋一向以貪佛之故不自知其陷於左道非明知故犯者比也既係誤犯則情理可恕既可速改則更宜加獎賞其餼食又不但直赦其過誤已也倘可如此弟當托兄先容納拜大宗師門下從頭指示孔門親民學術庶幾行年六十有五猶知六十四歲之非乎

○又與周友山書

承教塔事甚是但念我既無眷屬之樂又無朋友之樂煢然孤獨無與晤語只有一塔墓室可以厝骸可以娛老幸隨我意勿見阻也至于轉身之後或遂爲登臨之會或遂爲讀書之所或遂爲瓦礫之場則非智者所能逆爲之圖矣古人所見至高只是合下見得甚近不能爲子子孫孫萬年圖謀也汾陽之宅爲寺馬燧之第爲園可遂謂二老無見識乎以禹之神智如此八年勤勞如此功德在民如此而不能必其

孫太康、遂爲羿所簒、而失天下、則雖智之大且神者亦只如此已矣、元世祖初平江南、問劉秉忠曰、自古無不敗之家、無不亡之國、朕之天下、後當何人得之、秉忠對曰、西方之人得之、及後定都燕京、築城掘地、得一石匣、開視乃一匣紅頭蟲、復詔問秉忠、秉忠對曰、異日得陛下天下者、卽此物也、由此觀之、世祖亦得天下、而卽問失天下之日、秉忠亦不以失天下爲不祥、侃然致對、視亡若存、眞英雄豪傑、誠不同於時哉、秉忠自幼爲僧、世祖至大都見之、乃以釋服相從軍旅間，末季始就冠服，爲元朝開國元老，非偶然也，我塔事無經營之苦，又無抄化之勞，聽其自至，任其同办，只依我規制耳，想兄聞此必無疑矣，

○與焦漪園

弟今又居武昌矣，江漢之上，獨自遨遊，道之難行，已可知也，歸與之歎，豈得已耶，然老人無歸，以朋友爲歸，不知今者當歸何所，與漢陽城中，尚有論說到此者，若武昌則往來絕跡，而況譚學寫至此，一字一淚，不知當向何人道，當與何人讀，想當照舊薙髮歸山

去矣

○與劉晉川書

昨約其人來接其人竟不來是以不敢獨自闖入衙門恐人疑我無因自至必有所干與也今日暇否暇則當堂遣人迎我使衙門中人盡知彼我相求只有性命一事可矣緣我平生素履未能取信於人不得不謹防其謗我者非尊貴相也

○與友朋書

顧虎頭雖不通問學而具隻眼是以可嘉周公瑾既

通學問、又具隻眼、是以尤可嘉也、二公皆盛有識見、有才料、有膽氣、智仁勇三事皆備、周善藏、非萬分不發、故人但見其巧於善刃、而不見其能於遊刃、顧善發、然發而人不見、故人但見其能於遊刃、而不見其巧于善刃、周收斂之意多、平生唯知爲巳以故相知少、而其情似寡、然一相知、而膠漆難並矣、顧發揚意多、平生惟不私巳、以故相愛甚博、而其情似不專、然情之所專、愛固不能分也、何也、以皆具隻眼也、吾謂二公者、皆能知人、而不爲知所眩、能愛人、而不爲愛所藏、能用人、而不爲人所用者也、周粧聾作啞、得老子之體、是故與之語清淨寧一之化、無爲自然之用、如以石投水、不相逆也、所謂不動聲色而措天下于泰山之安者、此等是也、最上一乘之人也、何可得也、顧託孤寄命、有君子之風、是故半夜叩門、必不肎以親爲解、而況肩鉅任大、扶危持顛、肎相辜負哉、是國家大可倚仗人也、抑又何可得也、顧通州人、周麻城人。

## 答劉晉川書

弟年近古稀矣、單身行遊、只爲死期日逼、閻君鐵棒難支、且生無之苦、目擊又已如此、使我學道之念轉轉急迫也、既學道、不得不資先覺、資先覺、不得不遊四方、遊四方、不得不獨自而受孤苦、何者、眷屬徒有家鄉之念、童僕俱有妻兒之思、與我不同志也、志不同、則難留、是以盡遣之歸、非我不願有親隨、樂于獨自孤苦也、爲道日急、雖孤苦亦自甘之、蓋孤苦日短、而極樂無界日長矣、久已欲往南北二都爲有道之就、二都朋友、亦日望我、近聞二都朋友、又勝矣、承示吳中丞札知其愛我甚，然顧通州雖愛我，人品亦所師，但通州實未嘗以生死爲念也。此間又有友山，又有公家父子，則舍此何之乎？今須友山北上，公別轉，乃往南都一遊。七十之年，有友我者，便當安心度日以與之友，似又不必奔馳而自投苦海矣。吳中丞雖好意，弟謂不如分我俸資，使我蓋得一所禪室于武昌城下，草草奉笑可，即以此轉致之。

○別劉肖川書

大字，公要藥也。不大則自身不能庇，而能庇人乎？且未有丈夫漢不能庇人而終身受庇於人者也大人者庇人者也小人者庇於人者也凡大人見識力量與衆不同者皆從庇人而生日充日長日長日昌若徒蔭於人則終其身無有見識力量之日矣今之人皆受庇於人者也初不知有庇人事也居家則庇蔭於父母居官則庇蔭於官長立朝則求庇蔭於宰臣爲邊帥則求庇蔭於中宮爲聖賢則求庇蔭於孔孟爲文章則求庇蔭於班馬種種自視莫不皆自以爲男兒而其實則皆孩子而不知也豪傑凡民之分只

徵庇人與庇蔭於人處識取、

○○答友人書

或曰、李卓吾謂暴怒是學、不亦異乎、有友答曰、卓老斷不說暴怒是學、當說暴怒是性也、或曰、發而皆中節方是性、豈有暴怒是性之理、曰、怒亦是未發中有的、吁、吁、夫謂暴怒是性、是誣性也、謂暴怒是學、是誣學也、既不是學、又不是性、吾眞不知從何處而來也、或待因緣而來乎、每見世人欺天罔人之徒、便欲手刃直取其首、豈特暴哉、縱遭反噬、亦所甘心、雖死不悔暴何足云。然使其復見光明正大之夫。言行相顧之士。怒又不知向何處去。喜又不知從何處來矣。則雖謂吾暴怒可也。謂吾不遷怒亦可也。

○○○答以女人學道爲見短書

昨聞大教。謂婦人見短。不堪學道。誠然哉。誠然哉。夫婦人不出閫域。而男子則桑弧蓬矢以射四方。見有長短。不待言也。但所謂短見者。謂所見不出閨閤之間。而遠見者則深察乎昭曠之原也。短見者只見得百年之內。或近而子孫。又近而一身而已。遠見則超於形骸之外，出乎死生之表，極於百千萬億劫不可筭數譬喻之域是已。短見者秖聽得街談巷議、市井小兒之語，而遠見則能深畏乎大人，不敢侮於聖言，更不惑於流俗憎愛之口也。余竊謂欲論見之長短者當如此，不可止以婦人之見為見短也。故謂人有男女則可，謂見有男女豈可乎？謂見有長短則可，謂男子之見盡長，女人之見盡短，又豈可乎？設使女人其身而男子其見，樂聞正論而知俗語之不足聽，樂學出世而知浮世之不足戀，則恐當世男子視之皆當羞愧流汗不敢出聲矣此蓋孔聖人所以周流天下欲庶幾一遇而不可得者今反視之爲短見之人不亦冤乎冤不冤與此人何與但恐傷觀者醜耳自今觀之邑姜以一婦人而足九人之數不妨其與周召太公之流並列爲十亂文母以一聖女而正二南之風不嫌其與散宜生太顛之輩並稱爲四友彼區區者特世間法一時太平之業耳猶然不敢以男女分別短長異視而況學出世道欲爲釋迦老佛孔聖人朝聞夕死之人乎此等若使閭巷小人聞之盡當

責以闚觀之見，索以利女之貞，而以文母邑姜爲以人矣，豈不冤甚也哉！故凡自負遠見之士，須不爲大人君子所笑，而莫汲汲欲爲市井小兒所喜可也。若欲爲市井小兒所喜，則亦市井小兒而已矣。其爲遠見乎，短見乎，當自辨也。予謂此等遠見女子，正人家吉祥善瑞，非數百年積德未易生也。夫薛濤，蜀產也，元微之聞之，故求出使西川，與之相見。濤因走筆作四友贊以答其意，微之果大服。夫微之，貞元傑匠也，豈易服人者哉！吁，一文不如濤者，猶能使人傾千里慕之況持黄面老子之道以行遊斯世苟得出世之人有不心服者乎未之有也不聞龐公之事乎龐公爾楚之衡陽人也與其婦龐婆女靈照同師馬祖求出世道卒致先後化去作出世人爲今古快事願公師其遠見可也若曰待吾與市井小兒輩商之則吾不能知矣

○復耿侗老書

世人厭平常而喜新奇不知言天下之至新奇莫過於平常也日月常而千古常新布帛菽粟常而寒能

煖饑能飽又何其奇也是新奇正在於平常並人不察反於平常之外覓新奇是豈得謂之新奇乎蜀之仙姑是已衆人咸謂其能知未來過去事爭神怪之夫過去則余已知之矣何待他說未來則不必知又何用他說邪故曰智者不惑不惑於新奇以其不憂於未來之禍害也故又曰仁者不憂不憂禍於未來則自不求先知於幻說而爲新奇所惑矣此非眞能見利不趨見害不避如夫子所云志士不忘在溝壑勇士不忘喪其元志士仁人無求生以害仁有殺身

以成仁、孰能當之、故又曰、勇者不懼、夫合智仁勇三德而後能不厭於平常、不惑於新奇、則無人之欲知未來、而以蜀仙爲奇且新、又何足怪也、何也、不智故也、不智故不仁、故無勇、而智實爲之先矣

○○與李惟清

昨領教、深覺有益、因知公之所造、已到聲聞佛矣、青川夫子之鄉、居常未曾聞有佛號、陡然劇談至此、眞令人歡悅無量、蒙勸諭同皈西方、甚善、但僕以西方是阿彌陀佛道場、是他一佛世界、若皈生彼世界者、

即是他家兒孫、既是他家兒孫、即得暫免輪廻、不爲一切天堂地獄諸趣所攝、是的彼上上品化生者、便是他家至親兒孫、得近佛光、得聞佛語、至美矣、若上品之中、離佛稍遠、上品之下、見面亦難、况中品與下品乎、是以雖生彼亦有退墮者、以佛又難見、世間俗念又易起、一起世間念、即墮矣、是以不患不生彼、正患生彼而不肯住彼耳、此又欲生西方者之所當知也、若僕則到處爲客、不願爲主、隨處生發、無定生處、既爲客、即無常住之理、是以但可行遊西方、而以西方佛爲暫時主人足矣非若公等發願生彼甘爲彼家兒孫之比也且佛之世界亦甚多但有世界即便有佛但有佛即便是我行遊之處爲客之場佛常爲主而我常爲客此又吾因果之最著者也故欲知僕千萬億劫之果者觀僕今日之因即可知也是故或時與西方佛坐談或時與十方佛共語或客維摩淨土或客祇桓精舍或遊方丈蓬萊或到龍宮海藏天堂有佛即赴天堂地獄有佛即赴地獄何必拘拘如白樂天之專往兜率內院天台智者永明壽禪師之

等一求生西方乎此不肖之志也非薄西方而不生也以西方特可以當吾今日之大同耳若公自當生彼何必相拘所諭禁殺生事即當如命戒殺又謂僕性氣重者此則僕膏肓之疾從今聞教即有瘳矣第亦未可全戒未可全瘳若全戒全瘳即不得入阿修羅之域與毒龍魔王等爲侶矣

○與明因

世上人總無甚差別唯學出世法非出格丈夫不能今我等既爲出格丈夫之事而欲世人知我信我不

亦惑乎既不知我不信我又與之辯其爲惑益甚若我則直爲無可奈何只爲汝等欲學出世法者或爲魔所撓亂不得自在故不得不出頭作魔王以驅逐之若汝等何足與辯邪況此等皆非同住同食飲之輩我爲出世人光彩不到他頭上我不爲出世人羞辱不到他等頭上如何敢來與我理論對面唾出亦自不妨礙始終堅心此件大事釋迦佛出家時淨飯王是其親爺亦自不理況他人哉成佛是何事作佛是何等人而可以世間情量爲之

○○○與焦弱侯

兄所見者向年之卓吾耳不知今日之卓吾固天淵之懸也兄所喜者亦向日之卓吾耳不知向日之卓吾甚是卑弱若果以向日之卓吾爲可喜則必以今日之卓吾爲可悲矣夫向之卓吾且如彼今日之卓吾又何以卒能如此也此其故可知矣人但知古亭之人時時憎我而不知實時時成我古人比之美疢藥石弟今實親領之矣聞有欲殺我者得兄分剖乃止此自感德然弟則以爲生在中國而不得中國半

箇知我之人反不如出塞行行死爲胡地之白骨也兄胡必勸我復反龍湖乎龍湖未是我死所有勝我之友又眞能知我者乃我死所也嗟嗟以鄧豁渠八十之老尚能忍死於保定慵夫之手而不肯一食趙大洲之禾況卓吾子哉與其不得朋友而死則牢獄之死戰場之死固甘如飴也兄何必救我也死猶聞俠骨之香死猶有烈士之名豈龍湖之死所可比邪大抵不肯死於妻孥之手者必其決志欲死於朋友之手者也此情理之易見者也唯世無朋友是以雖

易見而卒不見耳我豈貪風水之人邪我豈坐枯禪圖寂滅專一爲守屍之鬼之人邪何必龍湖而後可歿認定龍湖以爲塚舍也更可笑者一生學孔子不知孔夫子道德之重自然足以庇蔭後人乃謂孔林風水之好足以庇蔭孔子則是孔子反不如孔林矣不知孔子教澤之遠自然遍及三千七十以至萬萬世之同守斯文一脉者乃學其講道學聚徒衆收門生以博名高圖富貴不知孔子何嘗爲求富貴而聚徒黨乎貧賤如此患難如此至不得已又欲浮海又

欲居九夷而弟子懽然從之不但餓陳蔡被匡圍乃見相隨不捨也若如今人一日無官則弟子離矣一日無財則弟子散矣心悅誠服其誰乎非無心悅誠服之人也無可以使人心悅誠服之師也若果有之我願爲之死莫勸我回龍湖也

○○與弱侯

客生曾對我言我與公大略相同但我事過便過公則認眞耳予時甚愧其言以謂世間戲場耳戲文演得好和歹一時總散何必太認眞乎然性氣帶得來

是箇不知討便宜的人、可奈何時時得近左右、時時得聞此言、庶可漸消此不自愛重之積習也、余時之之答客生者如此、今兄之認眞、未免與僕同病、故敢遂以此說進、蘇長公云、世俗俚語、亦有可取之處、處貧賤易、處富貴難、安勞苦易、安閒散難、忍痛易、忍痒難、余又見硯筆、亦有甚說得好者、樂中有憂、憂中有樂、夫當樂時、衆人方以爲樂、而至人獨以爲憂、正當憂時、衆人皆以爲憂、而至人乃以爲樂、此非反人情之常也、蓋禍福常相倚伏、惟至人眞見倚伏之機、故寧處憂而不肯處樂，人見以爲愚而不知至人得此微權，是以終身常樂而不憂耳，所謂落便宜處得便宜是也。又乱筆云：樂時方樂，憂時方憂，此世間一切庸俗人態耳，非大賢事也。僕以謂樂時方樂，憂時方憂，此八箇字說透世人心髓矣，世人所以敢相侮者，以我正樂此樂也，若知我正憂此樂，則彼亦悔矣。此自古至人所以獨操上人之柄，不使權柄落在他人手者，兄倘以爲然否？僕何如人，敢吐舌於兄之傍乎？聊有一管之窺，是以不覺潦倒如許。

○與方伯雨柬

去年詹孝廉過湖接公手教乃知公大孝人也以先公之故猶能記憶老朽于龍湖之上感念汪本釗道公講學又道公好學然好學可也好講學則不可也好講之於口尤不可也知公非口講者是以敢張言之本釗與公同經欲得公爲之講習此講卽有益後學不妨講矣呵凍艸艸

○與楊定見

毋人之我愛者非愛我爲官也非愛我爲和尚也愛

我也世人之欲我殺者非敢殺官也非敢殺和尚也殺我也我無可愛則我直爲無可愛之人耳彼愛我者何妨乎我不可殺則我自當受天不殺之祐殺我者不亦勞乎然則我之加冠非慮人之殺和尚而冠之也侗老原是長者但未免偏聽故一切飲食耿氏之門者不欲侗老與我如初猶朝夕在武昌倡爲無根言語本欲甚我之過而不知反以彰我之名恐此老不知終始爲此輩敗壞須速達此意於古愚兄弟不然或生他變而令侗老坐受主使之名爲耿氏累

甚不少也小人之流不可密邇自古若是特恨此老不覺恐至覺時噬臍又無及此書覽訖即封寄友山仍書一紙專寄古愚兄弟

○與楊鳳里

醫生不必來爾亦不必來我已分付取行李先歸矣我痢尚未止其勢必至十月初間方敢出門到此時可令道來取箇的信塔屋旣當時胡亂做如今獨不可胡亂居乎並間人有家小田宅祿位名壽子孫牛馬猪羊雞犬等性命非一自安十分穩當我僧家清

高出塵之士、不見山寺、盡在絕頂白雲層乎、我只有、一副老骨、不怕朽也、可依我規制速爲之、

○又與楊鳳里

行李已至湖上一途無雨、可謂順利矣、我湖上屋低、處就低處做、高處就高處做、可省十分氣力、亦又方便、低處作佛殿等屋、以塑佛聚僧、我塔屋獨獨一座、高出雲表、又像西方妙喜世界矣、我回、只主張衆人、念佛、專修西方、不許一个閒說嘴、曾繼泉可移住大、樓下、懷捷令上大樓歇宿、

與梅衡湘答書二首 附

承示繫單于之頸、僕謂今日之頸、不在夷狄、而在中國、中國有作梗者、朝廷之上、自有公等諸賢聖在、即日可繫也、若外夷則外之耳、外之爲言、非繫之也、惟漢時冒頓最盛強、與漢結怨最深、白登之辱、嫚書之辱、中行說之辱、嫁以公主、納之歲幣、與宋之獻納何殊也、故賈誼慨然任之、文帝猶以爲生事擾民、不聽賈生之策、況今日四夷效順如此哉、若我邊彼邊、各相戕伐、則邊境常態、萬古如一、何足掛齒牙耶、

○○○附衡湘答書

佛高一尺魔高一丈昔人此言只要人知有佛即有魔如形之有影聲之於響必然不相離者知其必然便不因而生恐怖心生退悔心矣毋但有魔而不佛者未有佛而不魔者人患不佛耳毋患魔也不佛而魔安佛以消之佛而魔愈見其佛矣佛左右有四天王八金剛各執刀劍寶杵擁護無非爲魔終不若山鬼伎倆有限老僧不答無窮也自古英雄豪傑欲建一功立一節尚且屈恥忍辱以

就其事況欲成此一段大事耶

○○○又

丘長孺書來云翁有老態令人茫然楨之於翁雖心向之而未交一言何可老也及問家人殊不爾又讀翁扇頭細書乃知轉復精健耳目病一月未大愈急索焚書讀之笑語人曰如此老者若與之有郤只宜捧之蓮花座上朝夕率大衆禮拜以消折其福不宜妄意挫抑反增其聲價也

○○○復麻城人書

謂身在是之外則可謂身在非之外卽不可蓋皆是見得恐有非於我而後不敢爲耳謂身在害之外則可謂身在利之外卽不可蓋皆是見得無所利於我而後不肯爲耳如此說話方爲正當非漫語矣今之好飲者動以高陽酒徒自擬公知高陽之所以爲高陽乎若是眞正高陽能使西夏叛卒不敢逞能使叛卒一起卽撲滅不至勞民動衆不必損兵費糧無地無兵無處無糧亦不必以兵寡糧少爲憂必待募兵於他方借糧於外境也此爲眞正高陽酒徒矣方亟

夫之擊吳楚也將兵至洛陽得劇孟大喜曰吳楚舉大事而不得劇孟吾知其無能爲矣一箇博徒有何烜赫能使眞將軍得之如得數千萬雄兵猛將然然得三十萬猛將强兵終不如得一劇孟而吳楚失之其亡便可計日是謂眞正高陽酒徒矣是以周侯情願爲之執盃而控馬首也漢淮陰費千金覓生左車得卽東鄉坐西鄉待師事之以此見眞正高陽酒徒之能知人下士識才尊賢又如此故吾以謂眞正高陽酒徒可敬也彼蓋眞知此輩之爲天下寶又知此

輩之爲天下無價寶也是以深寶惜之縱然滑滴不入口亦當以高陽酒徒目之矣曾聞李邢州之飲許趙州云白眼風塵一酒巵吾徒猶足傲當時城中李少空相慕說着高陽總不知此詩俗子輩視之便有褒貶吾以謂皆實語也情可哀也漫書到此似太無謂然亦因公言發起耳非爲公也

時有麻城人舊最相愛後兩年不寄一書偶寄書便自謂高陽酒徒貪盃無暇是以久曠又自謂置身于利害是非之外故不欲聞我於利害是非之

内其尊已早入甚矣吁果若所云豈不爲余之良朋勝友哉然其怕利害是非之實如此則其沉溺利害是非爲何如者乃敢大言欺余時聞靈夏兵變因發憤感歎於高陽遂有二十分識與因記往事之說設早聞有梅監軍之命亦慰喜而不發憤矣

○與河南吳中丞書

僕自祿仕以來未嘗一日獲罪於法禁自爲下僚以來未嘗一日獲罪於上官雖到處時與上官迕然上

官，終不以我爲迂，已者念我職雖卑，而能自立也。自知參禪以來，不敢一日觸犯于師長；自四十歲以至今日，不敢一日觸犯于友朋。雖時時與師友有諍，有講，然師友總不以我爲嫌者，知我無諍心也，彼此各求以自得也。邇居武昌，甚得劉晉老之力。昨冬獲讀與晉老書，欲僕速離武昌，甚感遠地惓惓至意。兹因晉老經過之便，謹付焚書四册，蓋新刻也。稍能發人道心，故附請教。

○答陸思山

承教方知西事，然倭奴水寇不足爲慮，蓋此輩舍舟無能爲也，特中原有奸者，多引結之以肆其狼貪之欲，實非眞奸雄也，特爲高麗垂涎耳。諸老素食厚祿抱負不少，卓異屢薦，自必能博此蜂蠆，似不必代爲之慮矣。吾老此時想當抵任，此老胸中甚有奇抱，然亦不見有半箇奇偉卓絕之士在其肺腑之間，則亦比今之食祿者，聰明忠信可敬而已。舍公練熟素養置之家食，吾不知天下事誠付何人料理之也。此小變態便倉惶失措，大抵今古一局耳。今日眞令人益

思張江陵也熱甚寸絲不掛故不敢出門

○與周友山

晉老初別尚未覺別別後眞不堪矣來示云云然弟生平未嘗見有與我綢繆者但不見我觸犯之過免其積怒卽爲幸事安得綢繆也劉晉老似稍綢繆矣然皆以觸犯致之以觸犯致綢繆此亦可也然不可有二也

○與友

疏中且負知已四字甚妙惟不負知已故生殺不計

況毀譽榮辱得喪之小者哉、江陵、兄知己也、何忍負之以自取名邪、不聞康德涵之救李獻吉乎、但得脫獻吉於獄、即終身廢弃受劉瑾黨誣而不悔、則以獻吉知己也、士爲知己死、死且甘焉、又何有于廢弃歟、但此語、只可對死江陵與活温陵道耳、持以語朝士未有不笑我說謊者、今惟無江陵其人故西夏叛卒至今負固、壯哉梅公之疏請也、莫謂秦遂無人也、今師想必因其弟高遷抵家、又因克念自省回去、大有醒悟、不復與我計較矣、我於初八夜、夢見與侗老聚顏甚懽悅、我亦全然忘記近事、只覺如初時一般、談說終日、此夢又不是思憶若出思憶、即當略記近事、安得全無影響也、我想日月定有復圓之日、圓日即不見有蝕時迹矣、果如此、即老漢有福大是幸事、自當復回龍湖約兄同至天臺無疑也、若此老終始執拗、未能脫然、我亦不言、我只有盡我道理而已、諺曰、冤讐可解不可結渠縱不解、我當自有以解之、劉伯倫有言雞肋不足以當尊拳、其人遂笑而止、吾知此老終當爲我一笑而止也、蓋事如此、若似可慮、然在今日實為極盛之時，向中之日，而二三叛卒為梗，廟堂專闖，竟無石畫，是則深可愧者。兄可安坐圍碁收租，築室自為長計邪。

○○寄京友書

弟今秋苦痢一疾，幾廢矣，乃知有身是苦。佛祖上仙所以孜孜學道，雖百般富貴，至於上登轉輪聖王之位，終不足以易其一盻者，以為此分段之身，禍患甚大，雖轉輪聖王不能自解免也，故窮苦極勞以求之。不然，佛乃是世間一箇極拙極痴人矣，舍此富貴好日子，不會受用，而乃十二年雪山，一麻一麥，坐令烏鵲巢其頂乎，想必有至富至貴，世間無一物可比尚者，故竭盡此生性命以圖之，在世間顧目前者視之，似極痴拙，佛不痴拙也，今之學者，不必言矣，中有最號真切者，猶終日皇皇，計利避害，離實絶根，以寶重此大患之身，是尚得爲學道人乎，坡仙集我有批削旁註在內，每開看，便自懽喜，是我一件快心却疾之書，今已無底本矣，千萬交付深有來還我，大凡我書，皆謂求以快樂自己，非爲人也，

○○○與焦弱侯書

昨聞步清涼瞻拜一拂鄭先生之祠，知一拂，兄之鄉先哲前賢也。一拂自少至老讀書此山寺，後之人思慕遺風，祠而祀之。今兄亦讀書寺中，祠既廢而復立，不亦宜乎。歸來讀江寧初志，又知一拂於原，其先同爲光州固始人氏。唐末隨王審知入閩，遂爲閩人，則余於先生爲兩地同鄉，是亦余之鄉，先哲前賢也。且不獨爲兄有而亦不必爲兄羨矣。一拜祠下便有清風，雖曰聞步以往，反使余載璧而還，誰謂昨日之步竟是闡步乎余實於此有榮耀焉夫先生王半山門下高士也受知最深其平日敬信半山亦實切至蓋其心俱以民瘼爲急國儲爲念但半山過於自信友以憂民愛國之實心翻成毒民悞國之大害先生切於目擊乃不顧死亡誅滅之大禍必欲成吾胡越同舟之本心卒以流離竄逐年至八十然後老此山寺故余以謂一拂先生可敬也若但以其一拂而已此不過鄉黨自好者之所歆羨誰其肎以是而羨先生乎今天下之平久矣中下之士肥甘是急全不知一拂

爲何物無可言者其中上士砥礪名行一毫不敢自離於繩墨而遂忘却鹽梅相濟之大義則其視先生爲何如哉余以爲一拂先生真可敬也余之景行先哲其以是哉今先生之祠旣廢而復立吾知兄之敬先生者亦必以是矣斷然不專專爲一拂故也吾鄉有九我先生者其於先哲尤切景仰其於愛民憂國一念尤獨惓惓使其知有一拂先生祠堂在此清涼間慨然感懷亦必以是惜其未有以告之耳聞之隣近故老猶能道一拂先生事而舊祠故址廢莫能考

則以當時無有記之者，記之者，非兄與九我先生與？先賢者後賢之所資以模範，後賢者先賢之所賴以表章，立碑于在，大書姓字，吾知兄與九老不能讓矣。吁，名垂萬世，可讓也哉！

○○○復士龍悲二毋吟

楊氏族孫，乃近從兄議繼嗣楊虛遊先生之子之後，非繼嗣李翰峰先生之後也，非翰峰之後，安得住翰峰之宅，繼楊姓而住李宅，非其義矣，楊氏族孫又是近議立爲虛遊先生之子之後，亦非是立爲李翰峰

先生守節之妹之後也非翰峯之妹之後又安得謂
久李氏之宅而以服事翰峯先生守節之妹爲嗣也
繼楊虛遊先生之子之後而使服事翰峯先生守節
之妹于李氏之門尤非義矣雖欲不窺瘠強取節妹
衣食之餘不可得矣交構是非誣加翰峯先生嗣孫
以不孝罪逆惡名又其勢之所必至矣是使之爭也
我輩之罪也亦非楊氏族孫之罪也幸公虛心以聽
務以翰峯先生爲念翰峯在日與公第一相愛如僕
旁人耳僕知公必念之極矣念翰峯則必念及其守

節之妻顧氏念及其守節之妹李氏又念及其嗣孫無疑矣夫翰峰合族無一人可承繼者僅有安人顧氏生一女爾翰峰先生沒而後招壻姓張者入贅其家生兩兒長養成全皆安人顧氏與其妹李氏鞠育提抱之力也見今娶妻生子改姓李以奉翰峰先生香火矣而壻與女又皆不幸蚤亟故兩節婦咸以此孫朝夕奉養爲安而此孫亦藉以成立弱族與公等所處如此蓋不過爲翰峰先生念故弱族又以其女所生女妻之也近聞此孫不愛讀書稍失色養于二

大母此則雙節平日姑息太過以致公之不說而二
大母實未嘗不說之也僕以公果念翰峰舊雅只宜
擇師教之時時勤加考省乃爲正當若遽爲此兒孫
病而別有區處皆不是眞能念翰峰矣夫翰峰之妹
一嫁卽寡仍歸李家翰峰在日使與其嫂顧氏同居
南北兩京相隨不離翰峰沒後顧氏亦寡以故仍與
寡嫂同居計二老毋前後同居已四十餘年李氏妹
又
旌表著節翁亦稱聲于白門之下矣近耿中丞
又以雙節懸其廬二毋相安爲日已久無不以此孫

失孝敬而逆、欲從[illegible][illegible]氏族、遂以十六世此[illegible]曰大爲李節婦誣矣、稍有知者決[illegible][illegible]信、而况其公[illegible]人、抵楊氏族孫貧甚、或同居、或時來往、未免垂涎李節婦衣簪之餘、不知此皆李翰峰先生家物、楊家安得有也、且節婦尚在、尚不可缺乎、若皆爲此族孫取去、李節婦一日在世、又復靠誰乎、種種誣謗、盡從此生、唯楊歸楊、李歸李、絕不相干、乃爲妥當、

○復晉川翁書

往來經過者、須聲不輟、焦弱侯蓋屢談之矣、天下無

不可爲之時以翁當其任自然大爲士民倚重在道恃賴但貴如常處之勿作些見識也果有大力量自然默默斡旋人受其賜而不知若未可動未可言决須忍耐以須時易之蠱曰幹母之蠱不可貞言雖幹蠱而不可用正道用正道必致相忤雖欲幹辦母事而不可得也又曰幹父用譽而夫子傳之曰幹父用譽承以德也言父所爲皆破家亡身之事而子欲幹之反稱譽其父反以父爲有德如所云母氏聖善我無令人者如是則父親喜悅自然入其子孝敬之中

變盡成治無難矣倘其父終不肯變亦只得隨順其間相幾而動夫臣子之於君親一理也天下之財皆其財多用些亦不妨天下民皆其民多虐用些亦則得恐受但有大賢在其間必有調停之術不至已甚足矣只可調停於下斷不可拂逆於上叔臺相見一誦疏稿大快人大快人只此足矣再不可多事也陽明先生與楊邃菴書極可玩幸置座右

○書晉川翁壽卷後

此予丙申中秋坪上筆也今又四載矣復見此於白下

覽物思仁壽意與之爲無窮公今暫出至淮上淮上何足煩公邪然非公亦竟不可夫世固未嘗無才也然亦不多才唯不多才故見才尤宜愛惜而可令公臥理淮上邪在公雖視中外如一但居中制外選賢擇才使布列有位以輔主安民則居中爲便吾見公之入矣入卽持此卷以請教當道令天下多事如此將何以輔佐聖主擇才圖治當事者皆公信友吾知公决不難於一言也是又余之所以爲公壽也余以非戊戌初夏至今又一載矣時事如棋轉眼不同公

當緊念

○○○會期小啟

會期之不可改猶號令之不可反軍令之不可二也故重會期是重道也是重友也重友以故重會重會以故重會期僕所以屢推辭而不欲會者正謂其無重道重友之人耳若重道則何事更重於道會也邪故有事則請假不往可也不可因一人而遂廢衆會也況可遽改會期乎若欲會照舊是十六莫曰衆人皆未必以會為重雖改以就我亦無妨噫此何事也

衆人皆然我獨不敢亦 幾有以友朋爲重以衆爲重者今我亦如此何 以望衆人之重道乎我實不敢以爲然故以請教

○○○與友人書

古聖之言今人多錯會 是以不能以人治人非恕也非絜矩也試舉一二言之夫堯明知朱之嚚訟也故不傳以位而心實痛之故又未 嘗不封之以國夫子明知鯉之痴頑也故不傳以道而心實痛之故又未嘗不教以禮與詩 明知 非禮之言終不可入然終

不以不入而遽　亦終不[illegible]不入而遽強以此知聖人之眞能愛子矣乃孟氏謂舜之喜象非僞喜則僕實未敢以謂然夫舜明知象之欲己殺也然非眞心喜象則不可以解象之毒縱象之毒終不可解然舍喜象無別解法矣故其喜象是僞也其主意必欲喜象以得象之喜是眞也非僞也若如軻言則是舜不知象之殺己是不智也知其欲殺己而喜之是喜殺也是不誠也是堯不知朱之嚚訟孔不知鯉之痴頑也不明甚矣故僕謂舜爲僞喜非過也以其情其勢

雖欲不僞喜而不可得也以中者養不中才者養不才其道當如是也養者養其體膚飲食衣服宮室之而已也如堯之於朱舜之於象孔之於伯魚但使之得所養而已也此聖人所以爲眞能愛子與悌弟也此其一也又觀古之狂者孟氏以爲是其爲人志大言大而已解者以爲志大故動以古人自期言大故行與言或不相掩如此則狂者當無比數於天下矣有何足貴而故思念之甚乎葢狂者下視古人高視一身以爲古人雖高其跡往矣何必踐彼跡爲也是

謂志大，以故放言高論，凡其身之所不能爲，與其所不敢爲者，亦率意妄言之，是謂大言，固宜其行之不掩耳。何也？其情其勢自不能以相掩故也。夫人生在天地間，既與人同生，又安能與人獨異？是以往往徒能言之以自快耳，大言之以貢高耳，亂言之以憤世耳。渠見世之桎梏已甚卑鄙可厭，益以肆其狂言，觀者見其狂，遂指以爲猛虎毒蛇，相率而遠去之。渠見其狂言之得行[illegible]，益以自幸，而唯恐其言之不狂矣。唯聖人祖之[illegible]有也，故彼以其[illegible]言嚇人而吾聽之若不聞則其狂將自歇故唯聖人能醫狂病觀其可子桑友原壤雖臨喪而歌非但言之且行之而自不揜聖人絕不以爲異也是千古能醫狂病者莫聖人若也故不見其狂則狂病自息又愛其狂思其狂稱之爲善人望之以中行則其狂可以成章可以入室僕之所謂夫子之愛狂者此也蓋唯世間一等狂漢乃能不揜於行不揜者不遮揜以自益也非行不揜其言之謂也若夫不中不才子弟只可養不可棄只可順不可逆逆則相反順則相成是爲千古要

言今人皆未知聖人之心者是以不可齊家治國平天下以成栽培傾覆之常理

復顧冲庵翁書

某非負心人也況公蓋世人豪四海之内凡有目能視有足能行有手能供奉無不願奔走追陪藉一顧以爲重歸依以終老也況於不肖某哉公於此可以信其心矣自隱天中山以來再卜龍湖絕類逃虛近二十載豈所願哉求師訪友未嘗置懷而第一念實在通海但老人出門大難距謂公猶惓惓念之耶適

病暑侵侵宴寂、一接翰誨、頓起矣、

、又書

答趙景眞年十四、不遠數千里、佯狂出走、訪叔夜於山陽、而其家竟不知去向、天下至今傳以爲奇、某自幼讀之、絕不以爲奇也、以爲四海求友、男兒常事、何奇之有、乃今視之、雖欲不謂之奇不得矣、向在龍湖、尚有長江一帶、爲我限隔、今居白下、只隔江耳、往來十餘月矣、而竟不能至、或一日而三四度發心、或一月而六七度欲發、可知發心容易、親到實難、山陽之事未易當也。豈凡百盡然，不特此邪，抑少時或可勉強，乃至壯或不如少，老又決不如壯邪，抑景真若至今在，亦竟不能也，計不出春三月矣。先此報言，決不敢食。

〇又書使通州詩後

某奉別公近二十年矣，別後不復一致書問，而公念某猶昝也，推食解衣，至今猶然。然則某為小人，公為君子，已可知矣。方某之居哀牢也，盡棄交遊，獨身萬里，戚戚無歡，誰是諒我者，其〔时〕時諸上官，又誰是不惡我者非公則某爲滇中人終不復出矣夫公提我於萬里之外而自忘其身之爲上故某亦因以獲事公於青雲之上而自忘其身之爲下也則豈偶然之故哉嗟嗟公天人也而無莫知公大人也而無亦莫知夫公爲天人而無莫知猶未害也公爲一無大人而無人不知無人又將何賴邪目今倭奴屯結釜山自謂十年生聚十年訓練可以安坐而制朝鮮矣今者援之中邊皆空海陸並運八年未已公獨鼇釣通海視等鄉隣不一引手投足又何其忍邪非公能忍

世人固已忍舍公也、此非仇公、亦非仇國、未知公之為大人耳、誠知公之為大人也、即欲舍公、其又奚肯、既已為詩四章、遂并述其語於此、亦以見其與公原非偶者

○附顧冲老送行序

顧冲老贈姚安守溫陵李先生致仕去滇序云、溫陵李先生為姚安府且三年、大治、懇乞致其仕去、初先生以南京刑部尚書郎來守姚安、難萬里、不欲攜其家、其室人強從之、蓋先生居常遊每適意

輒留不肎歸故其室人患之而強與偕行至姚安無何卽欲去不得遂乃強留然先生爲姚安一切持簡易任自然務以德化人不賈世俗能聲其爲人汪洋停蓄深博無涯涘人莫得其端倪而其見先生也不言而意自消自僚屬士民胥隸夷酋無不化先生者而先生無有也此所謂無事而事事無爲而無不爲者邪謙之備員洱海也先生守姚安已年餘每與先生談輒夜分不忍別去而自是先生不復言去矣萬曆八年庚辰之春謙以入賀

當行、是時先生歷官且三年滿矣、少需之、得上其績、且加恩或上遷、而侍御劉公方按楚雄、先生一日謝簿書、封府庫、攜其家、去姚安而來楚雄、乞侍御公一言以去、侍御公曰、姚安守、賢者也、賢者而去之、吾不忍、非所以爲國、不可以爲風、吾不敢以爲言、即欲去、不兩月所爲上其績而以榮名終也、不其無恨於李君乎、先生曰、非其任而居之、是曠官也、贄不敢也、需滿以倖恩、是貪榮也、贄不爲也、名聲聞於朝矣、而去之、是釣名也、贄不能也、去即去耳滇何能顧其他而兩臺皆勿許於是先生還其家姚安而走大理之雞足雞足者滇西名山也兩臺知其意已決不可留乃爲請於朝得致其仕命下之日謙方出都門還趨滇恐不及一晤先生而別也乃至楚之常武而程程物色之至貴竹而知先生尚留滇中遨遊山水間未言歸歸當以明年春則甚喜或謂謙曰李姚安始求去時唯恐不一日去今又何遲遲也何謂哉謙曰李先生之去去其官耳去其官矣何地而非家又何迫迫於溫

陵者爲且温陵又無先生之家及至滇而先生果欲便家滇中則以其室人晝夜涕泣請將歸楚之黄安蓋先生女若壻皆在黄安依耿先生以居故其室人第願得歸黄安云先生別號曰卓吾居士卓吾居士別有傳不具述述其所以去滇者如此先生之行取道西蜀將穿三峽覽瞿塘灎澦之勝而時時過訪其相知故人則願先生無復留攜其家人一意達黄安使其母子得相共終初念而後東西南北唯吾所適不亦可乎先生曰諾遂行

○復澹然大士

易經未三絕今史方伊始非三冬二夏未易就緒計必至明夏四五月乃可過暑毒即回龍湖矣回湖唯有主張淨土督課西方公案更不作小學生鑽故紙事也參禪事大量非根器淺弱者所能擔今時人最高者唯有好名無眞實爲生死苦惱怕欲求出脫也日過一日壯者老少者壯而老者又欲死矣出來不覺就是四年祇是怕死在方上侍者不敢棄我屍必欲裝棺材赴土中埋爾今幸未死然病苦亦漸多當

知去處亦不遠，但得回湖上葬於塔屋，即是幸事。不須勸我，我自然來也。來湖上化，則湖上即我歸成之地，子子孫孫道場是依，未可謂龍湖慕爾之地，非西方極樂淨土矣。

為黃安二上人三首

○大孝一首

黃安上人為有慈母孀居在堂，念無以報母，乃割肉出血，書寫願文，對佛自誓，言欲以此生成道，報答母慈，以謂溫凊雖孝，終是小孝，未足以報答吾母也，即使勉強勤學成就功名以致褒崇亦是榮耀他人耳目未可以拔吾慈母於苦海也唯有勤精進成佛道庶可藉此以報答耳若以吾家孔夫子報父報母之事觀之則雖武周繼述之大孝亦不覺眇乎小矣今觀吾夫子之父母至於今有耿光則些小功名真不足以成吾報母之業也上人刺血書願其志蓋如此而不敢筆之於文則其志亦可悲矣故予代書其意以告諸同事云予初見上人時上人尚攻舉子業初亦曾以落髮出家事告余余甚不然之今年過此乃禿然

一無髮之僧，予一見之，不免驚訝，然亦知其有真志矣，是以不敢顯言，但時時略示徵意於語言之間，而上人心實志堅，終不可以説辭諍也。今復如此，則真出家兒矣，他人可得比耶？因嘆古人稱學道，全要英靈漢子，如上人，非真英靈漢子乎？當時陽明先生門徒遍天下，獨有心齋爲最英靈。心齋本一灶丁也，目不識一丁，聞人讀書，便自悟性，徑往江西見王都堂，欲與之辯質所悟。此尚以朋友往也，後自知其不如，乃從而卒業焉，故心齋亦得聞聖人之道，此其氣骨爲何如者、心齋之後、爲徐波石、爲顔山農、山農以布衣講學、雄視一世、而遭誣陷、波石以布政使、請兵督戰、而死廣南、雲龍風虎、各從其類、然哉、蓋心齋眞英雄、故其徒亦英雄也、波石之後、爲趙大洲、大洲之後爲鄧豁渠、山農之後、爲羅近溪、爲何心隱、心隱之後爲錢懷蘇、爲程後臺、一代高似一代、所謂大海不宿死屍、龍門不點破額、豈不信乎、心隱以布衣、出頭倡道、而遭横死、近溪雖得免於難、然亦幸耳、卒以一官、不見容於張太岳、蓋英雄之士、不可免於世而可以

進於道、今上人以此進道、又誰能先之乎、故稱之曰大孝

○○眞師二首

黄安二上人到此時時言及師友之重、懷林曰、據和尚平日所言師友覺又是一樣者、余謂師友原是一樣、有兩樣耶、但世人不知友之卽師、乃以四拜受業者謂之師、又不知師之卽友、徒以結交親密者謂之友、夫使友而不可以四拜受業也、則必不可以與之友矣、師而不可以心腹告語也、不可以事之爲

師矣古人知朋友所係之重故特加師字於友之上以見所友無不可師者若不可師即不可友大繫言之總不過友之一字而已故言友則師在其中矣若此二上人是友而即師者也其師兄常恐師弟之牽於情而不能擺脫也則攜之遠出以堅固其道心其師弟亦知師兄之眞愛已也遂同之遠出而對佛以發其弘願此以師兄爲友亦以師兄爲師者也非友而師者乎其師弟恐師兄徒知皈依西方而不知自性西方也故常述其師稱讚鄧谿渠之語於師兄之

前其師兄亦知師弟之託意婉也亦信念佛即參禪而不可以徒爲念佛之計此以師弟爲友亦以師弟爲師者也又非友而師者乎故吾謂二上人方可稱眞師友矣若泛泛然羣聚何益耶寧知師友之爲重邪故吾因此時時論及鄧豁渠又推豁渠師友之所自二上人喜甚以謂我雖忝爲豁渠之孫而竟不知豁渠之所自今得先生開示宛然如在豁渠師祖之旁又因以得聞陽明心齋先生之所以授受其快活無量何如也今但不聞先生師友所在耳于謂學無

常師夫子焉不學雖在今日不免爲套語其實亦是實語吾雖不曾四拜受業一箇人以爲師亦不曾以四拜傳受一箇人以爲友然比並人之時時四拜人與時時受人四拜者眞不可同日而語也我問此受四拜人此受四拜人非聾即啞莫我告也我又遍問此四拜於人者此四拜於人者亦非聾即啞不知所以我告也然則師之不在四拜明矣然孰知吾心中時時四拜百拜屈指不能舉其多沙數不能踰其衆乎吾何以言吾師友於二上人之前哉

## 失言三首

予初會二上人時、見其念佛精勤、遂叙吾生平好高好潔之說以請教之、令相處日久、二上人之高潔比余當十百千倍、則高潔之說爲不當矣、蓋高潔之說以對世之委靡渾濁者、則爲應病之藥、余觀世人恒無真志、要不過落在委靡渾濁之中、是故口是心非、言清行濁、了不見有好高好潔之實、而又反以高潔爲予病、是以痛切而深念之、若二上人者、豈宜以高潔之說進乎、對高潔人談高潔、已爲止沸益薪、況高潔十倍哉是乃蠢也過猶不及孔夫子言之詳矣靡渾濁而不進者不及者也好爲高潔而不止者太過者也皆背道之所不載也二上人只安如是而已矣如是念佛如是修行如是持戒如是可久如是可大如是自然登蓮臺而證眞乘成佛果不可再多事也念佛時但去念佛欲見慈母時但去見慈母不必矯情不必逆性不必昧心不必抑志直心而動是爲眞佛故念佛亦可莫太高潔可矣

○○復李漸老書

數千里外山澤無告之老翁皆得而時時衣食之則翁之祿豈但仁九族惠親友已哉感德多矣報施未也可如何承諭煩惱心山野雖孤獨亦時時有之即此衣食之賜既深以爲喜則鉄衣少食之煩惱不言可知已身猶其易者等而上之有國則煩惱一國有家則煩惱一家無家則煩惱一身所任愈輕則煩惱愈減然則煩惱之增減唯隨所任之重輕耳出固未聞有少煩惱之人也唯無身乃可免矣老子云若吾無身更有何患無身則自無患無患則自無惱吁安

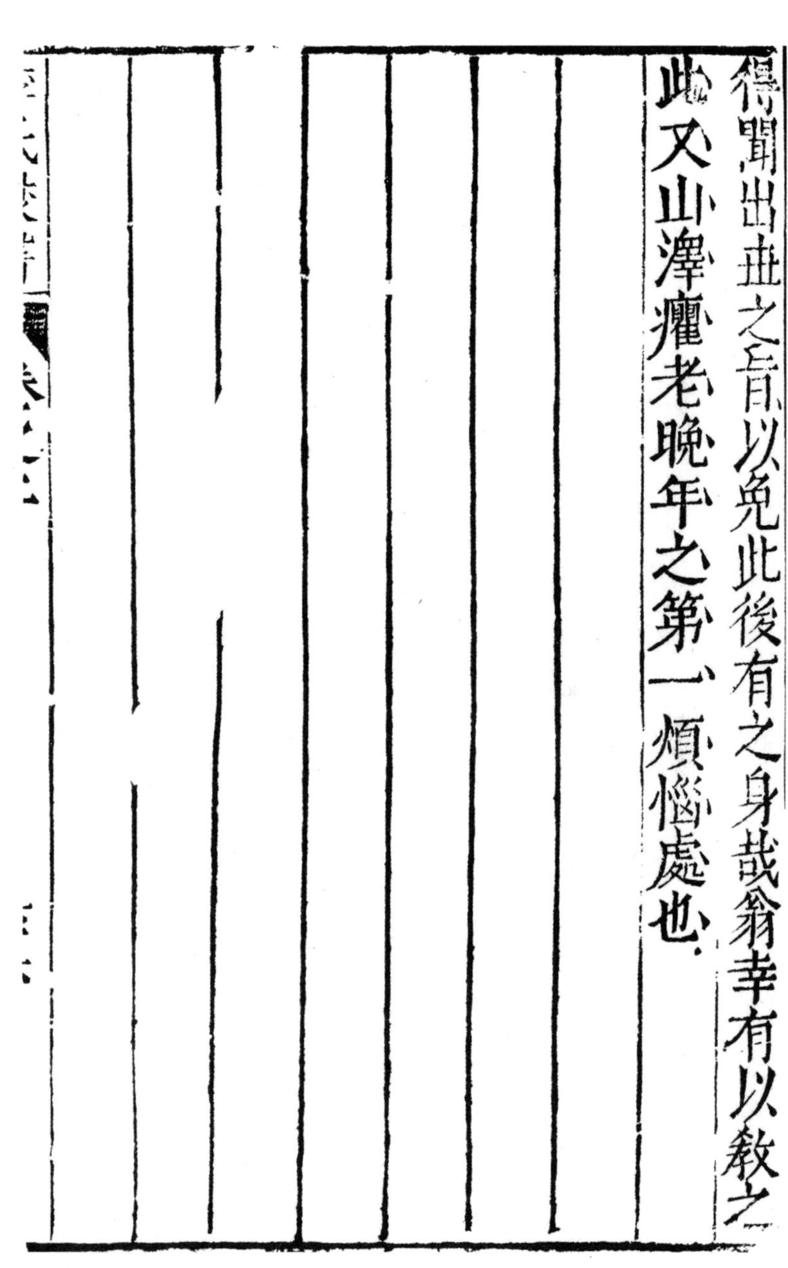

得聞出世之旨以免此此後有之身哉翁幸有以教之

此又山澤癯老晚年之第一煩惱處也

## 雜述

### 〇〇〇卓吾論略 滇中作

孔若谷曰：吾猶及見卓吾居士，能論其大略云。居士別號非一，卓吾特其一號耳。卓又不一，居士自稱曰卓，載在仕籍者曰篤，雖其鄉之人，亦或言篤，或言卓，不一也。居士曰：卓與篤，吾土音一也，故鄉人不辯而兩稱之。予曰：此易矣，但得五千絲付鐵匠衚衕梓人改正矣。居士笑曰：有是乎，子欲吾以有用易無用乎。

且夫卓固我也篤亦我也、稱我以卓、我未能也、稱我以篤亦未能也、言安在以未能易未能乎、故至于今、竝稱卓篤焉、居士生大明嘉靖丁亥之歲時維陽月、得全數焉、生而毋太宜人徐氏沒、幼而孤、莫知所長、長七歲隨父白齋公、讀書歌詩習禮文、年十二試老農老圃論、居士曰、吾時已知樊遲之問在荷蕢丈人間然而上大人丘乙已不忍也、故曰、小人哉樊須也、則可知矣論成、遂爲同學所稱、衆謂白齋公有子矣居士曰、吾時雖幼早已知如此臆說、未足爲吾大人有子賀且彼賀意亦太鄙淺不合於理彼謂吾利口能言至長大或能作文詞博奪人間富若貴以救賤貧耳不知吾大人不爲也吾大人何如人哉身長七尺目不苟視雖至貧輒時時脱吾董毋太宜人簪珥以急朋友之婚吾董毋不禁也此豈可以世俗胸腹窺測而預賀之哉稍長復憒憒讀傳註不省不能契朱夫子深心因自怪欲弃置不事而閒甚無以消歲日乃嘆曰此直戲耳但剽竊得濫目足矣主司豈一一能通孔聖精蘊者邪因取時文尖新可愛玩者月

誦數篇臨場得五百題旨下但作繕寫謄錄生即高中矣居士曰吾此倖不可再僥也且吾父老弟妹婚嫁各及時遂就祿迎養其父婚嫁弟妹各畢居士曰吾初意乞一官得江南便地不意乖共城萬里反遺父憂雖然共城宋李之才宦遊地也有邵堯夫安樂窩在焉堯夫居洛不遠千里就之才問道吾父子儻亦聞道於此雖萬里可也且聞邵氏苦志參學晚而有得乃歸洛始婚娶亦既四十矣使其不聞道則終身不娶也吾年二十九而喪長子且甚戚夫不戚戚

於道之謀而惟情是念視康節不益愧乎安樂窩在
蘇門山百泉之上居士生於泉泉爲溫陵禪師福地
居士謂吾溫陵人當號溫陵居士至是日遊邀百泉
之上曰吾泉而生又泉而官泉於吾有夙緣哉故自
謂百泉人又號百泉居士云在百泉五載落落竟不
聞道卒遷南雍以去數月聞白齋公没守制東歸時
倭夷竊肆海上所在兵發居士間關夜行晝伏餘六
月方抵家抵家又不暇試孝子事墨衰率其弟若姪
晝夜登陴擊柝爲城守備城下矢石交米斗斛十千

無糴處居士家口零三十幾無以自活三年服闋盡室入京蓋庶幾欲以免難云居京邸十閱月不得缺囊垂盡乃假館受徒館復十餘月乃得缺稱國子先生如舊官未幾竹軒大父訃又至是日也居士次男亦以病卒于京邸予聞之嘆曰嗟嗟人生豈不苦誰謂仕宦樂仕宦若居士不乃更苦耶予之入門見居士無異也居士曰吾有一言與予商之吾先曾大父大母歿五十多年矣所以未歸土者爲貧不能求葬地又重違俗恐取不孝譏夫爲人子孫者以安親爲

孝未聞以卜吉凶衛暴露爲孝也況天道神明吾恐決不肯留吉地以與不孝之人吾不孝罪莫贖矣此婦必令三甥依上權置家室于河内分賻金一半買田耕作自食子以半歸即可得也第恐室人不從耳我入不聽請子繼之居士入反覆與語黄室人曰此非不是但吾母老孀居守我我今幸在此猶朝夕泣憶我雙眼盲矣若見我不歸必死語未終淚下如雨居士正色不顧室人亦知終不能違也收淚改容謝曰好好第見吾母道尋常無恙莫太愁憶他日自見吾

也勉行襄事我不歸亦不敢怨遂收拾行李托室買田種作如其願時有權墨吏嚇富人財不遂假借漕河名色盡徹泉源入漕不許留半滴溝澮間居士時相見雖竭情代請不許計自以數畝請必可許也居士曰嗟哉天乎吾安忍坐視全邑萬頃而令予數畝灌溉豐收哉縱與必不受再求之遂歸歲果大荒居士所置田僅收數斛稗長女隨艱難日久食稗如食粟二女三女遂不能下咽因病相繼夭歿老媼有告者曰人盡饑官欲發粟聞其來者爲鄧石陽推官與

居士舊可一請室人曰婦人無外事不可且彼若舊舊又何待請邪鄧君果撥巳俸二星并馳書與隣長各二兩者二至室人以半糴粟半買花紡爲布三季衣食無缺鄧君之力也居士曰吾時過家畢葬幸了三世業緣無害意矣回首天涯不勝萬里妻孥之想乃復抵共城入門見室家歡甚問二女又知歸未數月俱不育矣此時黄室人泪相隨在目睫間見居士色變乃作禮問葬事及其母安樂居士曰是夕也吾與室人秉燭相對眞如夢寐矣乃知婦人勢逼情眞

吾故矯情鎮之，到此方覺屐齒之折也。至京，補禮部司務，人或謂居士曰：司務之窮，窮于國子，雖于能堪忍，獨不聞焉往而不得貧賤語乎？蓋譏其不知止也。居士曰：吾所謂窮，非世窮也。窮莫窮于不聞道，樂莫樂於安汝止。吾十年餘奔走南北，祇為家事，全忘却溫陵、百泉安樂之想矣。吾聞京師人士所都，蓋將訪而學焉。人曰：子性太窄，常自見過，亦時時見他人過，苟聞道，當自宏闊。居士曰：然，予實窄。遂以宏父自命，

四个卓吾

故又為宏父居士焉。居士五載春官，潛心道妙，憾不

得起白齋公於九原，故其思白齋公也益甚，又自號思齋居士。（五个卓立）一日告我曰：「子知我久，我死，請以誌屬。雖然，予若死于朋友之手，一聽朋友所爲；若死于道路，必以水火葬，決不以我骨貽累他方也。墓誌可不作，作傳其可。」予應曰：「予何足以知居士哉！他季有顧虎頭知居士矣。」遂著論，論其大略。後予遊四方，不見居士者久之，故自金陵已後皆不撰述。或曰居士死于白下，或曰尚在滇南未死也。

○○論政篇爲羅姚州作　至言

先是楊東淇爲郡、南充陳君實守是州、與別駕張馬平、博士陳名山皆卓然一時、可謂盛矣今三十餘年、而君來爲州守予與周君張君各以次先後並至諸父老有從旁竊嘆者曰此豈有似於曩時也乎何其濟濟尤盛也未幾唐公下車、復爾相問予乃驟張之曰此間官僚皆數十秊而一再見者也願公加意培植於上勿生疑貳足矣惟余知府一人不類雖然有多賢足以上人爲予夾輔雖不類庸何傷唐公聞予言而壯之是歲兩臺復命君與諸君俱蒙禮待雖予不類亦竊濫及前季之言迨合矣予固因彙次其評以爲君與諸君賀而獨言予之不類者以質於君焉蓋予嘗聞于有道者而深有感于因性牖民之說焉夫道者路也不止一途性者心所生也亦非止一種已也有仕於土者乃以身之所經歷者而欲人之同往以已之所種藝者而欲人之同灌溉是以有方之治而馭無方之民也不亦昧于理歟且夫君子之治本諸身者也至人之治因乎人者也本諸身者取必于已因乎人者恆順於民其治效固已異矣夫人之

與巳不相若也有諸巳矣而望人之同有無諸巳矣而望人之同無此其心非不恕也然此乃一身之有無也而非通於天下之有無也而欲爲一切有無之法以整齊之惑也於是有條教之繁有刑法之施而民日以多事矣其智而賢者相率而歸吾之教而愚不肖則遠矣於是有旌別淑慝之令而君子小人從此分矣豈非別白太甚而導之使爭乎至人則不然因其政不易其俗順其性不拂其能聞見熟矣不欲求知新於耳目恐其未寤而驚也動止安矣不欲重

之以桎梏恐其縶而顛且仆也今予之治郡也取善太恕而疾惡也過嚴夫取善太恕似矣而疾人之惡安知已之無惡乎其於反身之治且未之能也況望其能因性以牖民乎予是以益懼不類而切倚仗於君焉吾聞君生長劍門既壯而仕經太華而獨觀船曠於衡嶽之巔其中豈無至人可遇而不可求者與君談說及此乎不然何以兩宰疲邑一判衡州而民誦之至今也意者君其或有所遇焉則予言爲贅如其不然則予之所聞于有道者詳矣君其果有當于

心乎否也夫君而果有當于心也則予雖不類庸何傷乎

○○○何心隱論

何心隱即梁汝元也余不識何心隱又何以知梁汝元哉姑以心隱論之世之論心隱者高之者有三其不滿之者亦有三高心隱者曰凡世之人靡不自厚其生公獨不肯治生公家世饒財者也公獨棄置不事而直欲與一世賢聖共生於天地之間是公之所以厚其生者與世異也人莫不畏死公獨不畏而直

欲博一死以成名以為人盡死也百憂愴心萬事瘁
形以至五内分裂求死不得者皆是也人殺鬼殺寧
差別乎且斷頭則死斷腸則死孰快百藥成毒一毒
而藥孰毒烈烈亦死猥猥亦死孰烈公固審之熟矣
宏公之不畏死也其又高之者曰公誦法孔子者也
世之法孔子者法孔子之易法者耳孔子之道其難
在以天下為家而不有其家以羣賢為命而不以田
宅為命故能為出類拔萃之人為首出庶物之人為
魯國之儒一人天下之儒一人萬世之儒一人也公

既獨爲其難者則其首出於人者以是其首見怒於人者亦以是矣公烏得免死哉削跡伐木絶陳畏匡孔聖之幾死者亦屢其不死者幸也幸而不死人必以爲得正而斃矣不幸而死獨不曰仁人志士有殺身以成仁者乎死得其死公又何辭也然則公非畏死也非不畏死也任之而已矣且夫公既如是而生矣又安得不如是而死乎彼謂公欲求死以成名者非也死則死矣此有何名而公欲死之歟其又高之者曰公獨來獨往自我無前者也然則仲尼雖聖效

之則爲顰學之則爲步醜婦之態公不屑爲也今以爲蚩人聞吾之爲則反以爲大怪無不欲起而殺我者而不知孔子已先爲之矣吾故援孔子以爲法則可免入室而操戈然而賢者疑之不賢者害之同志終鮮而公亦竟不幸爲道以死也夫忠孝節義蚩之所以死也以有其名也所謂死有重于泰山者是也未聞有爲道而死者道本無名何以死爲公今已死矣吾恐一死而遂湮滅無聞也今觀其時武昌上下人幾數萬無一人識公者無不知公之爲冤也方

其揭榜通衢列公罪狀聚而觀者咸指其誣至有嗟
呼叱咤不欲觀焉者則當日之人心可知矣由祁門
而江西又由江西而南安而湖廣沿途三千餘里其
不識公之面而知公之心者三千餘里皆然也非惟
得罪於張相者有所憾於張相而云然雖其深相信
以爲大有功於社稷者亦猶然以此舉爲非是而咸
謂殺公以媚張相者之爲非人也則斯道之在人心
眞如日月星辰不可以葢覆矣雖公之死無名可名
而人心知是則斯道之爲也孰能遏之然公豈誠不

良死者時無張子房誰爲沛公項伯時無曾朱家誰爲脫季布吾又因是而益信談道者之假也由今而觀彼其含怒稱寃者皆其未嘗識面之夫其坐視公之死反從而下石者則盡其聚徒講學之人然則匹夫無假故不能掩其本心談道無眞故必欲剗其出類又可知矣夫惟世無眞談道者故公死而斯文遂喪公之死顧不重耶而豈直泰山氏之比哉此三者皆世之賢人君子猶能與匹夫同其眞者之所以高心隱也其病心隱者曰人倫有五公舍其四而獨置身

于師友賢聖之間則偏枯不可以爲訓與上誾誾與下侃侃委蛇之道也公獨危言危行自貽厥咎則明哲不可以保身且夫道本人情學貴平易繩人以太難則畔者必衆責人於道路則居者不安聚人以貨財則貪者競起亡固其自取矣此三者又出之學者之所以爲心隱病也吾以爲此無足論矣此不過出之庸夫俗子衣食是耽身口是急全不知道爲何物學爲何事者而敢妄肆譏訕則又安足置之齒頰間耶獨所謂高心隱者以亦近 尚不能無過焉然

余未嘗親覩其儀容，面聽其緒論，而窺所學之淺深，而遽以爲過，抑亦未可。吾且以意論之，以俟丗之萬一有知公者可乎？吾謂公以見龍自居者也，終日見而不知潛，則其勢必至于亢矣，其及也宜也。然亢亦龍也，非他物比也，龍而不亢，則上九爲虛位，位不可虛，則龍不容於不亢。公宜獨當此一爻者，則謂公爲上九之大人可也。是又余之所以論心隱也。

夫婦因畜有感

夫婦，人之始也。有夫婦然後有父子，有父子然後有兄弟有兄弟，然後有上下。夫婦正，然後萬事無不出于正。夫婦之為物始也如此。極而言之，天地一夫婦也。是故有天地，然後有萬物。然則天下萬物皆生於兩，不生於一明矣。而又謂一能生二，理能生氣，太極能生兩儀，何歟？夫厥初生人，惟是陰陽二氣，男女二命，初無所謂一與理也，而何太極之有？以今觀之，所謂一者果何物？所謂理者果何在？所謂太極者果何所指也？若謂二生于一，一又安從生也？一與二為二，理與氣為二，陰陽與太極為二，太極與無極為二，又覈窮詰無不是二又烏覩所謂一者而遂爾妄言之哉故吾究物始而見夫婦之爲造端也是故但言夫婦二者而已更不言一亦不言理一尚不言而況言無無尚不言而況言無無何也恐天下惑也夫惟多言數窮而反以滋人之惑則不如相忘于無言而但與天地人物其造端于夫婦之間于焉食息于焉語語已矣易曰大哉乾元萬物資始至哉坤元萬物資生資始資生變化無窮保合太和各正性命夫性命之正正于太和太和之合合于乾坤乾爲夫坤爲婦

故性命各正，自無有不正者，然則夫婦之所係爲何如，而可以如此也夫，可以如此也夫

○○○鬼神論

生民之什云，厥初生民，時維姜嫄，生民如何，克禋克祀，以祓無子，履帝武敏歆，攸介攸止，載震載夙，載生載育，時維后稷，誕彌厥月，首生如達，不坼不副，無菑無害，以赫厥靈，上帝不寧，不康禋祀，居然生子，誕寘之隘巷，牛羊腓字之，誕寘之平林，會伐平林，誕寘之寒冰，鳥覆翼之，鳥乃去矣，后稷呱矣，實覃實訏，厥聲

載路朱子曰姜嫄出祀郊禖見大人迹而履其拇遂
欣欣然如有人道之感於是有娠乃周人所由以生
之始也周公制祀典尊后稷以配天故作此詩以推
本其始生之祥由此觀之后稷鬼子也周公而上鬼
孫也周公非但不諱且以爲至祥極瑞歌詠於郊禘
以享祀之而自謂文子文孫焉乃后世獨諱言鬼何
哉非諱之也未嘗通於幽明之故而知鬼神之情狀
也子曰鬼神之爲德其盛矣乎使天下之人齋明盛
服以承祭祀洋洋乎如在其上如在其左右吾不與

祭如不祭。祭如在，祭神如神在，夫子之敬鬼神如此，使其誣之以爲無，則將何所不至耶。小人之無忌憚，皆由于不敬鬼神，是以不能務民義以致昭事之勤，如臨女以祈陟降之饗，故又戒之曰：務民之義，敬鬼神而遠之。夫有鬼神而後有人，故鬼神不可以不敬，事人即所以事鬼，故人道不可以不務，則凡數而瀆求而媚，皆非敬之之道也。夫神道遠，人道邇，遠者敬而疎之，知其遠之近也，是故惟務民義而不敢求之于遠；近者親而務之，知其邇之可遠也，是故不事諂瀆而惟致吾小心之翼翼今之不敬鬼神者皆是也而未見有一人之能遠鬼神者何哉揲蓍布卦卜地選勝擇日諏時務索之冥冥之中以儌未涯之福欲以遺所不知何人其諂瀆甚矣而猶故爲大言以誣人曰佛老爲異端鬼神乃淫祀慢侮不信若靡有悔一旦緩急手脚忙亂禱祀祈禳則此等實先奔走反甚於細民之敬鬼者是可怪也然則其不能遠鬼神者乃皆其不能敬鬼神者也若誠知鬼神之當敬則其不能務民之事者鮮矣朱子曰天卽理也又曰鬼

神者，二氣之良能，夫以天爲理，可也，而謂祭天所以祭理，可與？以鬼神爲良能，可也，而謂祭鬼神是祭良能，可與？且夫理，人人同具，若必天子而後祭天地，則是必天子而後可以祭理也。凡爲臣庶人者，獨不得與於有理之祭，又豈可與？然則理之爲理，亦大傷民財，勞民力，不若無理之爲愈矣。圜丘方澤之設，牲幣爵號之陳，大祀之典，亦太不經；駿奔執豆者，亦太無義矣。國之大事在祀，審如此，又安在其爲國之大事也？我將我享，維羊維牛，不太可笑乎？鍾鼓皇皇，磬筦將將又安見其能降福穰穰懷柔百神及河喬嶽也周頌曰念兹皇祖陟降庭止若衣服不神則皇祖陟降誰授之衣昭事小心儼然如在其上者當從裸祖之形文子文孫又安用對越爲也商書曰兹予大享於先生爾祖其從予享之周公之告太王王季文王曰乃元孫不若旦多才多藝能事鬼神若非祖考之靈赫然臨女則爾祖我祖眞同兒戲金縢策祝同符新室上誣武王下誣名畢近誣元孫遠誣太王王季文王多材多藝之云眞矯誣也哉玄鳥之頌曰天命

玄鳥降而生商宅殷土芒芒古帝命武湯正域彼四方又曰濬哲維商長發其祥而朱子又解曰春分玄鳥降有娀氏女簡狄高辛氏之妃也祈于郊禖鳦遺卵簡狄吞之而生契其後遂有商氏而有天下嗚呼周有天下歷年八百厚澤深仁鬼之嗣也商有天下享祀六百賢聖之王六七繼作鳥之遺也一則祖鳦一則祖敏後之君子敬鬼可矣

○○○戰國論

予讀戰國策而知劉子政之陋也夫春秋之後爲戰

國既為戰國之時則自有戰國之策蓋與世推移其道必爾如此者非可以春秋之治治之也明矣況三王之世與五霸者春秋之事也夫五霸何以獨盛于春秋也蓋是時周室既衰天子不能操禮樂征伐之權以號令諸侯故諸侯有不令者方伯連帥率諸侯以討之相與尊天子而協同盟然後天下之勢復合于一此如父母臥病不能事事群小搆爭莫可禁阻中有賢子自為家督遂起而身父母之任焉是以名為兄弟而其實則父母也雖若侵父母之權而實父

毋賴之以安兄弟賴之以和左右童僕諸人賴之以立則有勞於厥家大矣管仲相桓所謂首任其事者也從此五霸迭興更相雄長夾輔王室以藩屛周百足之蟲遲遲復至二百四十餘季者皆管仲之功五霸之力也諸侯又不能爲五霸之事者於是有志在呑周心圖混一如齊宣之所欲爲者焉晉氏爲三呂氏爲田諸侯亦莫之正也則安得不遂爲戰國而致謀臣策士于千里之外哉其勢不至混一故不止矣劉子政當西漢之末造感王室之將毁徒知羨三王

之盛而不知戰國之亂其見固已左矣彼鮑吴者生于宋元之季聞見塞胸仁義盈耳區區褒貶何足齒及乃曾子固自負不少者也咸謂其文章本于六經矣乃譏向自信之不篤邪說之當正則亦不知六經爲何物而但竊褒貶以繩墨則其視鮑與吴亦魯衛之人矣

○○○兵食

民之初生若禽獸然穴居而野處拾艸木之實以爲食且又無爪牙以供搏噬無羽毛以資翰蔽其不爲

禽獸啖食者鮮矣夫天之生人以其貴于物也而反遺之食則不如勿生則其勢自不得不假物以爲用而弓矢戈矛甲冑劒楯之設備矣蓋有此生則必有以養此生者食也有此身則必有以衛此身者兵也食之急故井田作衛之急故弓矢甲冑興是甲冑弓矢所以代爪牙毛羽之用以疾驅虎豹犀象而遠之也民之得安其居者不以是與夫子曰足食足兵民信之矣夫爲人上而使民食足兵足則其信而戴之也何惑焉至於不得已猶寧死而不離者則以上之

兵食素足也其曰去食去兵非欲去也不得已也勢旣出于不得已則爲下者自不忍以其不得已之故而遂不信于其上而儒者反謂信重于兵食則亦不達聖人立言之旨矣然則兵之與食果有二乎曰苟爲無兵食固不可得而有也然而兵者危地也其名惡而非是則無以自衛其實美也美者難見而惡則非其所欲聞惟下之人不欲聞以故上之人亦不肯以出之于口況三令而五申之耶是故無事而教之兵則謂時方無事而奈何其擾我也其誰曰以佚道

使我雖勞不怨乎有事而調之兵則謂時方多事而奈何其殺我也其誰曰以生道殺我雖死不怨殺者乎凡此皆矯誣之語不過欲以粉飾王道耳不知王者以道化民其又能違道以干百姓之譽乎要必有神而明之使民宜之不賞而自勸不謀而同趨嘿而成之莫知其然斯爲聖人篤恭不顯之至德矣夫三王之治本于五帝帝軒轅氏尚矣軒轅氏之王也七十戰而有天下殺蚩尤于涿鹿之野戰炎帝于阪泉之原亦深苦斯民生之難而既竭心思以惟之矣以爲

民至愚也而可以和誘至神也而不可以忠告於是爲之井而八分之使民咸知上之養我也然蒐狩之禮不舉得無有傷吾之苗稼者乎且何以祭乎祖而告成歲也是故四時有田則四時有祭四時有祭則四時有獵是獵也所以田也故其名曰田獵焉是故國未嘗有養兵之費而家家收獲禽之功上之人未嘗有治兵之名而人人皆三驅之選戈矛之利甲胄之堅不待上之與也射疏及遠手輕足便不待上之試也攻殺擊刺童而習之白首而不相代不待上之

操也，彼其視搏猛獸如搏田兎然，又何有于卽戎乎？是故入相友而出相呼，疾病相視，患難相守，不待上之教以人倫也。折中矩而旋中規，坐作進退無不如志，不待上之教以禮也。歡忻讌樂，鼓舞不倦，不待耀之以旌旗，宣之以金鼓，獻俘授馘而後樂心生也。分而爲八家，布而爲八陣，其中爲中軍，八首八尾，同力相應，不待示之以六書，經之以算法而後分數明也。此皆六藝之術，上之所以衛民之生者，然而聖人初未嘗教之以六藝也。文事武備，一齊具舉，又何待庠序之說孝弟之申如孟氏畫蛇添足之云乎彼自十五歲以前俱已熟試而閒習之矣而實不知上之使也以謂上者養我者也至其家自爲戰人自爲兵禮樂以明人倫以興則至于今凡幾千秊矣而不知而況當時之民與至矣聖人鼓舞萬民之術也蓋可使之由者同井之田而不可使之知者則六藝之精孝弟忠信之行也儒者不察以謂聖人皆於農隙以講武事夫蒐苗獮狩四時皆田安知田隙且自田耳曷嘗以武名曷嘗以武事講耶范仲淹乃謂儒者自有

名教何事於兵則已不知兵之急矣張子厚復欲買田一方自謂井田則又不知井田爲何事而徒慕古以爲名秪益醜焉商君知之慨然請行專務攻戰而決之以信賞必罰非不頓令秦彊而車裂之慘秦民莫哀則以不可使知者而欲使之知固不可也故曰聖人之道非以明民將以愚之魚不可以脫于淵國之利器不可以示人至哉深乎歷聖貫之太公望行之管夷吾修之柱下史明之嫗公而後流而爲儒紛紜制作務以明民鑿骨頂碎信誓周章而軒轅氏之

政遂衰矣

○○○雜說

拜月西廂化工也琵琶畫工也夫所謂畫工者以其能奪天地之化工而其孰知天地之無工乎今夫天之所生地之所長百卉具在人見而愛之矣至覓其工了不可得豈其智固不能得之與要知造化無工雖有神聖亦不能識知化工之所在而其誰能得之由此觀之畫工雖巧已落二義矣文章之事寸心千古可悲也夫且吾聞之追風逐電之足決不在於牝

牡驪黃之間，聲應氣求之夫，決不在於尋行數墨之士，風行水上之文，決不在於一字一句之奇。若夫結構之密，偶對之切，依於理道，合乎法度，首尾相應，虛實相生，種種禪病皆所以語文，而皆不可以語于天下之至文也。雜劇院本，遊戲之上乘也，西廂、拜月，何工之有！蓋工莫工于琵琶矣。彼高生者，固已殫其力之所能工，而極吾才於既竭。惟作者窮巧極工，不遺餘力，是故語盡而意亦盡，詞竭而味索然亦隨以竭。吾嘗覽琵琶而彈之矣：一彈而歎，再彈而怨，三彈而向之怨嘆無復存者此其故何耶豈其似眞非眞所以入人之心者不深耶蓋雖工巧之極其氣力限量只可達于皮膚骨血之間則其感人僅僅如是何足怪哉西廂拜月乃不如是意者宇宙之内本自有如此可喜之人如化工之於物其工巧自不可思議爾

且夫世之眞能文者比其初皆非有意於爲文也其胸中有如許無狀可怪之事其喉間有如許欲吐而不敢吐之物其口頭又時時有許多欲語而莫可所以告語之處蓄極積久勢不能遏一旦見景生情觸

目與嘆奪他人之酒杯澆自巳之壘磈訴心中之不平感數奇于千載既巳噴玉唾珠昭回雲漢爲章于天矣遂亦自負發狂大叫流涕慟哭不能自止寧使見者聞者切齒咬牙欲殺欲割而終不忍藏于名山投之水火乎覽斯記想見其爲人當其時必有大不得意於君臣朋友之間者故借夫婦離合因緣以發其端於是焉喜佳人之難得羨張生之奇遇比雲雨之翻覆嘆今人之如土其尤可咲者小小風流一事耳至比之張旭張顛羲之獻之而又過之堯夫云唐

虞揖讓三杯酒湯武征誅一局棋夫征誅揖讓何等也而以一杯一局覷之至眇小矣嗚呼今古豪傑大抵皆然小中見大大中見小舉一毛端建寶王剎坐（忽然又說佛法）微塵裏轉大法輪此自至理非干戲論倘爾不信中庭月下木落秋空寂寞書齋獨自無賴試取琴心一彈再鼓其無盡藏不可思議工巧固可忌也嗚呼若彼作者吾安能見之與

○○○童心說

龍洞山農敘西廂末語云知者勿謂我尚有童心可

也夫童心者眞心也若以童心爲不可是以眞心爲不可也夫童心者絕假純眞最初一念之本心也若失卻童心便失卻眞心失卻眞心便失卻眞人人而非眞全不復有初矣童子者人之初也童心者心之初也夫心之初曷可失也然童心胡然而遽失也蓋方其始也有聞見從耳目而入而以爲主于其內而童心失其長也有道理從聞見而入而以爲主于其內而童心失其久也道理聞見日以益多則所知所日以益廣於是焉又知美名之可好也而務欲以

揚之而童心失知不美之名之可醜也而務欲以掩之而童心失夫道理聞見皆自多讀書識義理而來也古之聖人曷嘗不讀書哉然縱不讀書童心固自在也縱多讀書亦以護此童心而使之勿失焉耳非若學者反以多讀書識義理而反障之也夫學者既以多讀書識義理障其童心矣聖人又何用多著書立言以障學人為耶童心既障於是發而為言語則言語不由衷見而為政事則政事無根抵著而為文辭則文辭不能達非內含以章美也非篤實生輝光

也欲求一句有德之言卒不可得所以者何以童心既障而以從外入者聞見道理爲之心也夫既以聞見道理爲心矣則所言者皆聞見道理之言非童心自出之言也言雖工於我何與豈非以假人言假言而事假事文假文乎蓋其人既假則無所不假矣由是而以假言與假人言則假人喜以假事與假人道則假人喜以假文與假人談則假人喜無所不假則無所不喜滿場是假矮場何辯也然則雖有天下之至文其湮滅於假人而不盡見於後世者又豈少哉

何也天下之至文未有不出于童心焉者也苟童心常存則道理不行聞見不立無時不文無人不文無一樣創制體格文字而非文者詩何必古選文何必先秦降而爲六朝變而爲近體又變而爲傳奇變而爲院本爲雜劇爲西廂曲爲水滸傳爲今之舉子業大賢言聖人之道皆古今至文不可得而時勢先後論也故吾因是而有感于童心者之自文也更說甚麽六經更說甚麽語孟乎夫六經語孟非其史官過爲褒崇之詞則其臣子極爲贊美之語又不然則其

迂闊門徒懵懂弟子記憶師説有頭無尾得後遺前隨其所見筆之於書後學不察便爲出自聖人之口也決定目之爲經矣孰知其大半非聖人之言乎縱出自聖人要亦有爲而發不過因病發藥隨時處方以救此一等懵懂弟子迂闊門徒云耳藥醫假病方難定執是豈可遽以爲萬世之至論乎然則六經語孟乃道學之口實假人之淵藪也斷斷乎其不可以語于童心之言明矣嗚呼吾又安得眞正大聖人童心未曾失者而與之一言文哉

## ○○○心經提綱

心經者佛說心之徑要也心本無有而無入妄以爲有亦無無而學者執以爲無有無分而能所立是自罣礙也自恐怖也自顛倒也安得自在獨不觀于自在菩薩乎彼其智慧行深旣到自在彼岸矣斯時也自然照見色受想行識五蘊皆空本無生死可得故能出離生死苦海而度脫一切苦厄焉此一經之總要也下文重重說破皆以明此故遂呼而告之曰舍利子勿謂吾說空便卽着空也如我說色不異於空

也。如我說空不異於色也。然但言不異，猶是二物有對，雖復合而為一，猶存一也。其實我所說色即是說空，色之外無空矣；我所說空即是說色，空之外無色矣。非但無色，而亦無空，此真空也。故又呼而告之曰：舍利子，是諸法空相，無空可名，何況更有生滅垢淨增減名相？是故色本不生，空本不滅；說色非垢，說空非淨；在色不增，在空不減。非億之也，空中原無是耳。是故五蘊皆空，無色受想行識也；六根皆空，無眼耳鼻舌身意也；六塵皆空，無色聲香味觸法也；十八界皆空。無眼界乃至無意識界也。以至生老病死明現無明，四諦智證等，皆無所得。此自在菩薩智慧觀照到無所得之彼岸也。如此所得既無，自然無罣礙恐怖與夫顛倒夢想矣。現視生死，而究竟涅槃矣。豈惟菩薩雖過去現在未來三世諸佛，亦以此智慧得到彼岸，共成無上正等正覺焉耳。則信乎盡大地衆生無有不是佛者，乃知此眞空妙智是大神呪，是大明呪，是無上呪，是無等等呪，能出離生死苦海，度脫一切苦厄，眞實不虛也。然則空之難言也久矣。執色者泥色說空者滯空及至兩無所依則又一切撥無因果不信經中分明讚嘆空即是色更有何空色即是空更有何色無空無色尚何有有有無於我罣礙而不得自在耶然則觀者但以自家智慧時常觀照則彼岸當自得之矣菩薩豈異人哉但能一觀照之焉耳人人皆菩薩而不自見也故言菩薩則人人一矣無聖愚也言三世諸佛則古今一矣無先後也奈之何可使由而不可使知者衆也可使知則為菩薩不可使知則為凡民為禽獸為木石卒歸于泯泯爾矣

〇〇四勿說

人所同者謂禮我所獨者謂己學者多執一己定見而不能大同于俗是以入于非禮也非禮之禮大人勿爲眞己無己有己即克此顏子之四勿也是四勿也即四絕也即四無也即四不也四絕者絕意絕必絕固絕我是也四無者無適無莫無可無不可是也四不者中庸卒章所謂不見不動不言不顯是也顏子得之而不遷不貳則即勿而不由之而勿視勿聽則即不而勿此千古絕學惟顏子足以當之顏子沒

而其學遂亡故曰未聞好學者雖曾子孟子亦已不能得乎此矣況濂洛諸君子乎未至乎此而輕談四勿多見其不知量也聊且博爲註解以質正諸君何如蓋由中而出者謂之禮從外而入者謂之非禮從天降者謂之禮從人得者謂之非禮由不學不慮不思不勉不識不知而至者謂之禮由耳目聞見心思測度前言往行彷彿比擬而至者謂之非禮語言道斷心行路絕無蹊徑可尋無塗轍可由無藩衛可守無界量可限無扃鑰可啓則於四勿也當不言而喻

矣未至乎此而輕談四勿是以聖人謂之曰不齊學

○○虛實說

學道貴虛任道貴實虛以受善實焉固執不虛則所擇不精不實則所執不固虛而實實而虛眞虛眞實眞實眞虛此唯眞人能有之非眞人則不能有也非眞人亦自有虛實但不可以語于眞人之虛實矣故有似虛而其中眞不虛者有似不虛而其中乃至虛者有始虛而終實始實而終虛者又有衆人皆信以爲至虛而君子獨不謂之虛此其人犯虛怯之病有

衆人皆信以爲實而君子獨不謂之實此其人犯色取之症眞僞不同虛實異用虛實之端可勝言哉且試言之何謂始虛而終實此如人沒在大海之中所望一救援耳舵師憐之以智慧眼用無礙才一舉而援之可謂幸矣然其人慶幸雖深魂魄尚未完也閉目噤口終不敢出一語經月累日唯舵師是聽抑何虛也及到彼岸攝衣先登脚履實地萬無一失矣縱舵師復詔之曰此去尚有大海須還上船與爾俱載別岸乃可行也吾知其人搖頭擺手經往直前総不

復舩師之是聽矣擲又何實乎所謂始虛而終實者如此吁千古賢聖眞佛眞仙大抵若此矣何謂始實而終虛如張橫渠已爲關中夫子矣非不實任先覺之重也然一聞二程論易而皐比永徹遂不復坐夾山和尚已登壇說法矣非不實受法師之任也然一見道吾拍手大笑遂散衆而來別求船子說法此二等者雖不免始實之差而能獲終虛之益蓋千古大有力量人若不得道吾不信也何謂衆人皆以爲實而君子獨不謂之實彼其於己實未敢自信也特因

信人而後信已耳彼其於學實未嘗時習之而說也特以易說之故遂冒認以爲能說茲心耳是故人皆悅之則自以爲是是其自是也是於人之皆說也在邦必聞則居之不疑是其不疑也以其聞之於邦家也設使不聞則雖欲不疑不可得矣此其人寧有實得者耶是可笑也何謂衆人皆以爲至虛而君子獨不謂之虛彼其未嘗一日不與人爲善也是以人皆謂之舜也然不知其能舍已從人否也未嘗一日不拜昌言也是以人皆謂之禹也然不知其能過門不

入呱呱弗子否也蓋其始也不過以虛受爲美德而爲之其終也習慣成僻亦冒認以爲戰戰兢兢臨深履薄而安知其爲怯弱而不能自起者哉然則虛實之端未易言也非虛實之難言也以眞虛眞實之難知也故曰人不知而不慍夫人衆人也衆人不知故可謂之君子若衆人而知則吾亦衆人而已何足以爲君子衆人不知故可直任之而不慍若君子而不知之則又如之何而不慍也是則大可懼也雖欲勿慍得乎毋間君子少而衆人多則知我者少不知我

者多，固有舉世而無一知者，而唯顏子一人獨知之。所謂遯世不見知而不悔是也。夫唯遯世而不見知也，則雖有虛實之說，其誰聽之？

## 定林庵記

余不出山久矣。萬曆戊戌，從焦弱侯至白下，詣定林菴，而庵猶然無恙者，以定林在日，素信愛於弱侯也。定林不受徒，今來住持者，弱侯擇僧守之，實不知定林作何面目，則此庵第屬定林創建，名曰定林庵，不虛耶？定林創庵甫成，即舍去之牛首，復創大華嚴閣，弱侯碑紀其事甚明也閣甫成又舍去之楚訪余於天中山而遂化於天中山塔於天中山馬伯時隱此山時特置山居一所度一僧使專守其塔矣今定林化去又十二年余未死又復來此復得見定林庵夫金陵多名刹區區一定林菴安足爲輕重而舊椽敗瓦人不忍毀則此菴雖小實賴定林久存名曰定林菴豈虛耶夫定林白下人也自幼不茹葷血又不娶日隨其主周生赴講蓋當時所謂周安其人者也余未嘗見周生但見周安隨楊君道南至京師時李翰

峰先生在京，告余曰：周安知學，子欲學，幸毋下視周安。蓋周安本隨周生執巾櫛之任，乃周生不力學，而周安供茶設饌，時時竊聽，或獨立簷端，或拱身扗側，不欹不倚，不退不倦，卒致斯道。又曰：周安以周生病故，而道南乃東南名士，終歲讀書破寺中，故周安復事道南。夫以一周安，乃得身事道南，又得李先生嘆羨，弱矦信愛，則周安可知矣。後二年，余來金陵，獲接周安，而道南又不幸早死，周安困自弱矦曰：吾欲爲僧。夫吾迄歲山寺，只多此數莖髮矣，不剃何爲？弱矦無以應遂約余及管東溟諸公送周安於雲松禪師處披剃爲弟子攺法名曰定林此定林之所由名也弱侯又於館側別爲菴院而余復書定林菴三字以匾之此又定林菴之所由名也弱侯曰庵存人亡見庵若見其人矣其人雖亡其庵尚存菴存則人亦存雖然人今已亡菴亦安得獨存惟有記庶幾可久余謂菴不足記也定林之庵不可以不記也今不記恐後我而生者且不知定林爲何物此庵爲何等矣夫從古以來僧之有志行者亦多獨定林哉余獨怪其不

辭卑賤而有志於聖賢大道也故曰賤莫賤於不聞道定林自視其身爲何如者故衆人卑之以爲賤而定林不知也今天下冠冕之士儼然而登講帷口談仁義手揮麈尾可謂尊且貴矣而能自貴者誰歟況其隨從於講次之末者歟又況於僕廝之賤鞭箠之輩不以爲我勞則必以爲無益於充囊飽腹且相率攘袂而竊笑矣有俛首下心歸禮窮士日倚簷楹欣樂而忘其身之賤必欲爲聖人然後已者耶古無有矣是宜記遂爲之記記不記庵專記定林名庵之由嗚

呼道不虛談學務實效則此定林菴眞不虛矣

○○高潔說

予性好高好高則倨傲而不能下然所不能下者不能下彼一等倚勢仗富之人耳否則稍有片長寸善雖隸卒人奴無不拜也予性好潔好潔則狷隘而不能容然所不能容者不能容彼一等趨勢諂富之人耳否則果有片善寸長縱身爲大人王公無不賓也能下人故其心虛其心虛故所取廣所取廣故其人愈高然則言天下之能下人者固言天下之極好高

人者也予之好高不亦宐乎能取人必無遺人無遺人則無人不容無人不容則無不潔之行矣然則言天下之能容人者固言天下之極好潔人者也予之好潔不亦宐乎今世齷齪者皆以予狷隘而不能容倨傲而不能下謂予自至黃安終日鎖門而使方丹山有好箇四方求友之譏自住龍湖雖不鎖門然至門而不得見或見而不接禮者縱有一二加禮之人亦不久即厭棄是世俗之論我如此也殊不知我終日閉門終日有欲見勝己之心也終年獨坐終年有

不見知己之恨也此難與爾輩道也其頗說得話者又以予無目而不能知人故卒爲人所欺偏愛而不公故卒不能與人以終始彼自謂離毛見皮吹毛見孔所論確矣其實視世之齷齪者僅五十步安足道耶夫空谷足音見似人猶喜而謂我不欲見人有是理乎第恐尚未似人耳苟其略似人形當即下拜而忘其人之賤也奔走而忘其人之貴也是以往往見人之長而遂忘其短非但忘其短也方且隆禮而師事之而況知吾之爲偏愛耶何也好友難遇若非吾

禮敬之至，師事之誠，則彼聰明才賢之士又曷肯爲我友乎？必欲與之爲友，則不得不致吾禮數之隆。然天下之眞才眞聰明者實少也，往往吾盡敬事之誠，而彼聰明者有才者，終非其眞，則其勢又不得而不與之疎。且不但不眞也，又且有姦邪焉，則其勢又不得而不日與之遠。是故衆人咸謂我爲無目耳。夫使我而果無目也，則必不能以終遠，使我而果偏愛不公也，則必護短以終身，故爲偏愛無目之論者，皆似之而非也。今黄安二上人到此，人又必且以我爲偏愛矣二上人其務與我始終之無使我受無目之名可也然二上人實知予之苦心也實知予之孤單莫可告語也實知予之求人甚於人之求予也吾又非以二上人之才實以二上人之德也非以其聰明實以其篤實也故有德者必篤實篤實者則必有德二上人吾何患乎二上人師事李壽庵壽庵師事鄧豁渠鄧豁渠志如金剛膽如天大學從心悟智過於師故所取之徒如其師其徒孫如其徒吾以是卜之而知二上人之必能爲我出氣無疑也故作好高好潔

之說以貽之

○○三蠢記

劉翼性峭直好罵人李百藥語人曰劉四雖復罵人人亦不恨噫若百藥者可謂眞劉翼知巳之人矣余性亦好罵人人亦未嘗恨我何也以我口惡而心善言惡而意善也心善者欲人急於長進意善者又恐其人之不肯急於長進也是以知我而不恨也然亦人雖不我恨亦終不與我親若能不恨我又能親我者獨有楊定見一人耳所以不恨而益親者又何也

蓋我愛富貴是以愛人之求富貴也愛貴則必讀書而定見不肯讀書故罵之愛富則必治家而定見不做人家故罵之罵人不去取富貴何恨之有然定見又實有可罵者夫我之困於鄂城也定見冒犯暑雪一年而三四至則其氣骨果有過人者我知其可以成就故往往罵詈之不休耳然其奈終不可變化何哉不讀書不勤學不求生世之產不事出世之謀蓋有氣骨而無遠志則亦愚人焉耳不足道也深有雖稍有向道之意然亦不是直向上去之人往往認定

外語以辛勤日用爲枷鎖以富貴受用爲極安樂自在法門則亦不免誤人自誤者葢定見有氣骨而欠靈利深有稍靈利而無氣骨同是山中一蠢物而已夫既與蠢物爲伍矣只好將就隨順度我殘年猶爾責罵不已則定見一蠢物也深有一蠢物也我又一蠢物也豈不成三蠢乎作三蠢記

○三叛記

時在中伏晝日苦熱夜間頗涼湖水驟滿望月初上和風拂面有客來伴此正老子耻聆時也楊胖平日

好瞌睡、不知此夜何忽、眼前、乃無上事、听然而哭、欲

蝴蝶之夢周、怪鐵杵之嗷、廣、和尚不覺矍然開眼而

問曰、子何哭、曰、吾哭此時有三叛人、欲作傳而未果

耳、余謂三叛是誰、爾傳又欲如何作、胖曰、楊道自幼

跟我、今年二十五矣、見我功名未就、年紀又長、無故

而逃、是一叛也、懷喜本是楊道一類人、幸得湖僧與

之落髮、遂以此僧爲師、以深爲師祖、故深自有懷喜、

東西遊行、咸以爲伴、飲食衣服、盡與喜同、今亦一旦

弃之而去、託言入縣閉關誦經、夫縣城誼雜、豈閉關

地耶明是背祖反楊言祖可以背李老去上黃柏吾獨不可背之以閉關城下乎雖祖涕泗交頤再四苦詈亦不之顧是一叛也余又問何者是三不答但笑蓋指祖也時有魚目子東方生卯酉客並在座魚目子問曰雖是三叛獨無輕重不同科乎東方生曰三者皆可殺有何輕重蓋天下唯忘恩背義之人不可以比于夷狄禽獸以夷狄禽獸尚知守義報恩也既名爲叛則一切無輕重皆殺魚目子曰深之罪不須可申明定奪矣若喜受祖恩養日久豈道所可同乎

使楊胖之待道有深萬一則道亦必守歛而不肯散楊以去矣二子人物雖同要當以平日情意厚薄爲差況道之靈利可使猶有過喜者哉故論人品則道爲上喜居中深乃最下論如法則祖服上刑喜次之道又次之此論不可易也東方生終不然其說魚目子因與之反詰不已東方生曰夫祖之痛喜豈誠痛喜之聰明可以語道耶抑痛喜之志氣果不同于凡僧耶抑又以人品氣骨眞足以繼此段大事耶同是道一樣人特利其能飲食供奉已也寢處枕席之足

以備冬溫夏涼之快已也彼以有利于已而痛之此以能利于彼而受其痛報者施者即時已畢無餘剩矣如今之顧工人是已安得而使之不與道同科也二子既爭論不決而楊又嘿嘿無言於是卯酉客從旁持刀而立曰三者皆未可殺唯老和尚可殺速殺此老貴圖天下太平本等是一箇老實無志氣的乃過而愛之至比之汾陽比之布袋夫有大志而不知無目者也非有大志而以愛大志之愛愛之亦無目者也是可殺也長別人志氣滅自已威風不殺更待

何待持刀直逼和尚和尚跪而請曰此實正論此實正論且乞饒頭免做無頭鬼嗚呼旣無目今又無頭人言禍不單行諒哉

○○○忠義水滸傳序

太史公曰說難孤憤賢聖發憤之所作也由此觀之古之賢聖不憤則不作矣不憤而作譬如不寒而顫不病而呻吟也雖作何觀乎水滸傳者發憤之所作也蓋自宋室不競冠屨倒施大賢處下不肖處上馴致夷狄處上中原處下一時君相猶然處堂燕鵲納

幣稱臣，甘心屈膝于犬羊已矣。施羅二公身在元，心在宋，雖生元日，實憤宋事。是故憤二帝之北狩，則稱大破遼以洩其憤；憤南渡之苟安，則稱滅方臘以洩其憤。敢問洩憤者誰乎？則前日嘯聚水滸之強人也，欲不謂之忠義不可也。是故施羅二公傳水滸而復以忠義名其傳焉。夫忠義何以歸于水滸也？其故可知也。夫水滸之衆何以一一皆忠義也？所以致之者可知也。今夫小德役大德，小賢役大賢，理也。若以小賢役人，而以大賢役於人，其肯甘心服役而不恥乎？

是猶以小力縛人而使大力者縛於人其肯束手就
縛而不辭乎其勢必至驅天下大力大賢而盡納之
水滸矣則謂水滸之衆皆大力大賢有忠有義之人
可也然未有忠義如宋公明者也今觀一百單八人
者同功同過同死同生其忠義之心猶之乎宋公明
也獨宋公明者身居水滸之中心在朝廷之上一意
招安專圖報國卒至于犯大難成大功服毒自縊同
死而不辭則忠義之烈也眞足以服一百單八人者
之心故能結義梁山爲一百單八人之主最後南征

方臘、一百單八人者、陣亡已過半矣、又智深坐化于六和、燕青潸泣而辭主、二童就計于混江、宋公明非不知也、以爲見幾明哲、不過小丈夫自完之計、決非忠于君義于友者、所忍屑矣、是之謂宋公明也、是以謂之忠義也、傳其可無作歟、傳其可不讀歟、故有國者不可以不讀、一讀此傳、則忠義不在水滸、而皆在於君側矣、賢宰相不可以不讀、一讀此傳、則忠義不在水滸、而皆在於朝廷矣、兵部掌軍國之樞、督府專閫外之寄、是又不可以不讀也、苟一日而讀此傳、則忠義不在水滸而皆爲干城心腹之選矣否則不在朝廷不在君側不在干城腹心烏乎在在水滸此傳之所爲發憤矣若夫好事者資其談柄用兵者藉其謀畫要以各見所長烏睹所謂忠義者哉

○子由解老序

食之於飽一也南人食稻而甘北人食黍而甘此一南一北者未始相羨也然使兩人者易地而食焉則又未始相弃也道之于孔老猶稻黍之於南北也足乎此者雖無羨於彼而顧可弃之哉何也至飽者否

足而負饑者無擇也蓋嘗北學而食於主人之家矣天寒大雨雪三日絕糧七日饑凍困踣望主人而向往焉主人憐我炊黍餉我信口大嚼未暇辨也撤案而後問曰豈稻粱也歟奚其有此美也主人笑曰此黍稷也與稻粱埒且今之黍稷也非有異于向之黍稷者也惟甚饑故甚美惟甚美故甚飽子今以往不作稻粱想不作黍稷想矣予聞之慨然而嘆使予之於道若今之望食則孔老暇擇乎自此專治老子而時獲子由老子解讀之解老子者眾矣而子由稱最

子由之引中庸曰喜怒哀樂之未發謂之中夫未發之中萬物之奥宋儒自明道以後遞相傳授每令門弟子看其氣象爲何如者也子由乃獨得微言於殘篇斷簡之中並其善發老子之藴使五千餘言爛然如皎日學者斷斷乎不可以一日去手也解感示道全當道全意寄于瞻又當予瞻意今去予由五百餘季不意復見此奇特嗟夫亦惟眞儒而後能得之也

○○○高同知獎勸序 高係土官父祖作逆

予嘗語高子曰我　國家統一寰宇澤流區内威制

六合不務廣地而地自廣蓋秦皇所不能臣漢武所不能服者悉入版圖矣若于羽之格東漸西被朔南暨及以今視之奚啻千百邪然此人人能言之矣吾且言其設官分職以爲民極者與子揚厲之可乎夫滇南迤西流土並建文教敷洽二百餘年矣蓋上據前王封建之盛制下不失後王郡縣之良規者也夫前有封建其德厚矣而制未周後有郡縣其制美矣而德未厚惟是我　朝上下古今俯仰六王囊括幷包倫制兼盡功德盛隆誠自生民以來之聖之所未有

也故予謂若我　聖朝卜世卜年豈特至若有夏有
替有殷且兼成周有道之長行漢唐宋無疆之曆萬
億斯年未有艾矣此豈直爲小臣祝願之私哉其根
本盛者其枝葉無窮理固然耳爾高氏之先吾不知
其詳矣自爲内臣以來我
高皇帝憐其來歸而不忍遷之也則使之仍有土之
業因其助順而不忍絕之也則使之與於世及之典
又念其先世曾有功德於民而吾兵初不血刃也則
授以大夫之秩以延其子孫而隆其眷夫當混一廓

清之日摧枯拉朽之際謀臣猛將屯集如雲設使守漢唐之故事或因其來歸也而待以不死可若何或因其效順也而遂遷之內地使不得食其故土之毛可若何雖其先或有功德而沒世勿論也其又若之何故吾以謂我 祖宗之恩德至厚也且今之來此而爲郡守州正縣令者豈易也哉彼其讀書曾破萬卷胸中兵甲亦且數十萬積累勤矣苟萬分一中選亦必遲回郎署十餘年跋涉山川萬餘里視予之爵不甚加而親戚墳墓則遠矣然猶日皇皇焉以不得

稱厥職是懼一有愆尤即論斥隨之與編戶等矣其來遠其去速其得之甚難而失之甚易也如此回視吾子安步而行乘馬而馳足不下堂階而終身逸樂累並富貴不絕未嘗稽顙厥廷而子孫秩爵與流官埒是可不知其故乎且夫汗馬之功臣其殊勳懋伐載在盟府尚矣乃其後嗣不類或以驕奢毀敗雖有八議不少假借外之衛所其先並非與於拔城陷陣之勳則未易以千戶賞況萬戶乎今其存者無幾矣幸而存非射命中力搏虎則不得以破格調其平日

非敬禮君子愛恤軍人則不可以久安亦既岌岌矣惟土官不然若有細誤輒與蓋覆若有微勞輒恐後時郡守言之監司監司言之臺院而賞格下矣夫同一臣子同一土官也乃今以郡守則不得比以衛所土官則不得比以功臣之子孫則又不得比其故何哉蓋功臣之子孫恐其恃功而驕也則難制矣故其法不得不詳非故薄之也若郡守則節制此者也非大賢不可衛所土官則擁衛此者也非強有力知禮義亦不可故並其責之備耳夫有擁衛以防其變有

節制以杜其始則無事矣故吾子得以安意肆志爲以世受有爵之榮是其可不知恩乎知恩則思報思報則能謹守禮而重犯法將與我　國家相爲終始無有窮時其何幸如之予既與高子時時作是語已今年春巡按劉公直指鐵驄大激羣吏乃高子亦與獎賞然則高子豈不亦賢哉高子年幼質美深沉有智循循雅飭有儒生之風焉其務世其家以求克蓋前人者尤可嘉也於戲予既直書獎語懸之高門以爲高氏光寵矣因同官之請又仍次前語以賀之其

尚知恩報恩，以無棄予言，無負於我　國家可也。

○○○送鄭大姚序

昔者曹參以三尺劍佐漢祖平天下，及爲齊相九年而齊國安集。嚴助謂汲長孺任職居官，無以踰人，至出爲東海，而東海大治。今觀其所以治齊治東海者，實大不然。史稱汲黯戇，性倨少禮，初授爲滎陽令，不受，恥之。後爲東海，病臥閨閤内，歲餘不出。參日夜飲醇酒，不事事，吏舍日飲歌呼，參聞之，亦取酒張坐飲，歌呼與相應和。此豈有軏轍蹊徑哉，要何與於治，而能令郡國以理也語曰其身正不令而行莊以蒞之動之不以禮未善也以予所聞則二子者將不免以其不正之身肆於民上不莊不正得罪名教甚矣而卒爲漢名相古之社稷臣者何也豈其所以致理者或自有在彼一切觀美之具有不屑歟抑苟可以成治於此有不計與將民寔自治無容别有治之之方歟是故恬焉以嬉遨焉以遊而民自理也夫黄帝遠矣雖老子之學亦槩乎其未之聞也豈二子者或别有黄老之術未可以其畔於吾之教而非詆之與吾

聞至道無爲，至治無聲，至教無言，雖賜也亦自謂不可得聞矣。豈其於此實未有聞，而遂不知求之繩墨之外也。予甚疑焉，而未敢以告人。屬鄭君爲大姚令，乃以予平昔之所疑者質之。夫大姚，滇下邑也，僻小而陋，吾知君久矣，其不受也。觀君魁然其容，充然其氣，洞然不設城府，其與上大夫言，如對羣吏，處大庭，如在燕私，偃倨似汲黯，酣暢似曹參，此豈儒者耳目所嘗睹記哉！君獨神色自若，飲啾不輟，醉後耳熱，或歌詩作大字以自娛，陶陶然若不以邑事爲意而邑，中亦自無事嗟夫君豈亦學黄老而有得者邪抑天資冥契與道合眞不自知其至於斯也不然將懼儒者竊笑而其指之矣而寧能遽爾也邪吾與君相聚二載餘矣亦知君之爲人矣今其歸也其有不得者乎夫淵明辭彭澤而賦歸去採菊東籬有深意矣刺史王弘一日二十千擲付酒家可遂謂世無若人焉一知陶令之賢乎阮嗣宗曠達不仕聞步兵厨有酒求爲校尉君既恥爲令矣縱有步兵之達莫可告語况望有知而大用君者亦惟有歸去而已行李蕭條

童僕無權直云窮矣能無慟乎如君作達皆可勿恤也君第行吾爲君屈指而數之計過家之期正菊花之候飲而無資當必有白衣送酒如賢刺史王公者能令君一醉爾也

○○○李中丞奏議序 代作

傳曰識時務者在於俊傑夫時務亦易識耳何以獨許俊傑爲也且夫俊傑之生盖不常有而事之當務則一時不無若必待俊傑而後識則盖之所謂時務皆非時務者歟抑俊傑之所識者必俊傑而後識非

俊傑則終不能識歟吾是以知時務之大也奏議者議一時之務而奏之朝廷行之邦國斷斷乎不容以時刻緩焉者也奏議多矣而唐獨稱陸宣公者則以此公之學有本其於人情物理靡不周知其言詞溫厚和平深得告君之體使人讀其言便自心開目明惟恐其言之易盡也則眞所謂奏議矣然亦不過德宗皇帝時一時之務耳蓋德宗時既多艱又好以猜忌爲聰明故公宛曲及之長短疾徐務中其肎綮以達乎膏肓直欲窮之於其受病之處蠹弊之源令人

主讀之不覺不知入其中而不怒則奏議之最也若
非德宗之時則又烏用此哉漢有鼂賈鼂錯有論賈
誼有策今觀誼之策如改正朔易服色早輔教等皆
依倣周官而言之此但可與俗儒道安可向孝文神
聖之主談也然三表五餌之策推恩分王之策以梁
爲齊趙吳楚之邊割淮南諸國以益梁而分王其子
梁地二千餘里卒之滅七國者梁王力也孰謂洛陽
年少通達國體識時務如此哉至今讀其書猶想
見其爲人欲不謂之千古之俊傑不可得矣若錯之

論兵事、與夫募民徙邊、屯田塞下、削平七國、策皆一時急務、千載石畫、未可以成敗論人、妄生褒貶也。蓋時者、如鷙鳥之趨時、務者、如易子之交務、稍緩其時不知其務、則殆、孰謂時務可易言哉。其勢非天下之俊傑、固不能以識此矣。宋人議論太多、雖謂之無奏議可也。然蘇文忠公實推陸忠宣奏議矣。今觀其上皇帝諸書、與其他奏議、真忠肝義膽、讀之自然慟哭流涕、又不待以痛哭流涕自言也。然亦在坡公時、當務之急耳。過此而徽欽、則無爾矣。亦猶鼂賈之言只可對文景武三帝道耳過此則時非其時又易其務不中用也予讀先賢奏議其所以尚論之者如此今得中丞李公奏議讀之雖未知其於晁賈何如然陸敬輿蘇子瞻不能過也故因書昔日之言以請教公公其信不妄否如不妄則願載之末簡

○○先行錄序 代作

言一也有先行之言有可行之言又有當行之言吾嘗以此三言者定君子之是非而益以見立言者之難矣何謂先行之言則夫子之告子貢是已既已先

行其言矣安有言過其行之失乎何謂可行之言則易也中庸也皆是也易曰以言乎遠則不禦是遠言皆可行也以言乎邇則靜而正是邇言皆可行也以言乎天地之間則備是天地之間之言皆可行也中庸曰夫婦之不肖可以能行焉夫夫婦能行則愚不肖者自謂不及賢知者自謂過之皆不可得矣其斯以爲可行之言乎既曰可行之言則言之千百世之上不爲先行之千百世之下不爲後則以言行合一先後並時雖聖人亦不能置先後于其間故也若夫

當行之言，則雖今日言之，而明日有不當行之者，而況千百世之上下哉。不獨此也，舉一人而言，在仲由則爲當行，而在冉求則爲不當行矣。蓋時異勢殊，則言者變矣。故行隨事遷，則言焉人殊，安得據往行以爲典要，守前言以效尾生耶？是又當行之言，不可以執一也。夫當行而後言，非通于道者不能，可行而後言，非深于學者不能。若中丞李公眞所謂通于道，深于學者也，故能潔巳裕人，公恕並用，其言之而當行而可行者乎。迺今又幸而獲讀所爲法政集者，則又見其在朝在邑處鄉處家已往之蹟皆如是也所謂先行其言者也某是以知公之學實學也其政實政也謂之曰先行錄不亦宜乎然既先行其言矣又何不當行之有又何不可行之有

○時文後序 代作

時文者今時取士之文也非古也然以今視古古固非今由後觀今今復爲古故曰文章與時高下高下者權衡之謂也權衡定乎一時精光流于後世可苟也夫千古同倫則千古同文所不同者一時之制

耳故五言興則四言爲古唐律興則五言又爲古今之近體既以唐爲古則知萬世而下當復以我爲唐無疑也而况取士之文乎彼謂時文可以取士不可以行遠非但不知文亦且不知時矣夫文不可以行遠而可以取士未之有也國家名臣輩出道德功業文章氣節于今爛然非時文之選與故棘闈三日之言即爲其人終身定論苟行之不遠必言之無文不可選也然則大中丞李公所選時文要以期於行遠耳矣吾願諸士留意觀之

〇〇張橫渠易說序 代作

橫渠先生與學者論易久矣後見二程論易乃謂其弟子曰二程深明易道吾不如勇徹皐比變易而從之其勇也如此吾謂先生即此是易矣晋人論易每括之以三言曰易簡而天下之理得是易簡一易也又曰不易乎世是不易一易也又曰變動不居周流六虛不可爲典要惟變所適是變易又一易也至簡故易不易故深變易故神雖曰三言其實一理深則無有不神神則無有不易矣先生變易之速易如反

掌。何其神乎。故吾謂先生即此是易矣。作易說序。

〇〇〇龍溪先生文錄抄序

龍溪王先生集共二十卷。無一卷不是談學之書。卷凡數十篇。無一篇不是論學之言。夫學問之道。一言可蔽。卷若積至二十。篇或累至數十。能無贅乎。然讀之忘倦。卷卷若不相襲。覽者唯恐易盡。何也。蓋先生學問融貫。溫故知新。若滄洲瀛海。根于心。發于言。自時出而不可窮。自然不厭而文且理也。而其誰能贅之歟。故予嘗謂先生此書。前無往古。今無將來。後有學者可以無復著書矣蓋逆料其決不能條達明顯一過于斯也而刻板貯于縉紳官署印行者少人亦罕讀又先生少壯至老一味和柔大同無我無新奇可喜之行故俗士亦多不悅先生之爲人而又罕讀先生之書乎學無眞志皮相相矜卒以自誤雖先生萬語千言亦且奈之何哉今春予偕焦弱矦放舟南邁過滄洲見何泰寧泰寧覩龍谿爲鄉先生其平日厭飫先生之敎爲深熟讀先生之書已久矣意欲復梓行之以嘉惠山東河北數十郡人士即索先生全

集于弱侯所弱侯載兩船書一時何處覓索泰寧乃約是秋專人來取而命予圈點其尤精且要者曰吾先刻其精者以誘之令讀然後梓其全以付天下後世夫先生之書一字不可輕擲不刻其全則有滄海遺珠之恨然簡袠浩繁將學者未覽先厭又不免有束書不觀之歎必先後兩梓不惜所費然後先生之教大行蓋先生之學具在此書若苟得其意則一言可畢何用二十卷苟不肎讀則終篇亦難又何必二十卷也但在我後人不得不冀其如此而讀如此而

綸篇又如此此而得意于一言之下也泰寧之言如此其用意如之何秋九月滄洲使者持泰寧手扎果來索書白下適予與弱侯咸在館弱侯遂付書又命予書數語述泰寧初志并付之計新春二三月予可以覽新刻矣將見泰寧學問從此日新而不能已斷斷乎其必有在于是斷斷乎其必有在於是

○○○關王告文

惟神忠義貫金石勇烈冠古今方其鎮荆州下襄陽也虎視中原奪老瞞之精魄孫吳猶鼠竊割據之英

雄目中無魏吳久矣使其不死則其吞吳幷曹豈但使魏欲徙都已哉其不幸而不成混一之業復卯金之鼎者天也然公雖死而呂蒙小醜亦隨吐血亡矣蓋公以正大之氣壓狐媚之孤雖不逆料其詐而呼風震霆猶足破權奸之黨駕霧鞭雷猶足裂讒賊之肝固宜其千秋萬祀不間海内外足跡至與不至無不仰公之爲烈蓋至於今日雖男婦老少有識無識無不拜公之像畏公之靈而知公之爲正直儼然如在宇宙之間也其等來守兹土慕公如生欲使君臣

勸忠朋友效義，固因對公之靈，復反覆而致意焉。彼不知者，謂秉燭達旦，爲公大節，意此特硜硜小丈夫之所易爲，而以此頌公，公其享之乎。

○李中谿告文

公從幼嗜學，到老不倦，人無徼而不收，言無誕而不錄。誕言靡信，公意彌篤，蓋衆川合流，務欲以成其大；土石並砌，務欲以實其堅。是故大智若愚焉耳。公之向道，其篤也如此。平生祿入，盡歸梵宮，交際問遺，摠資貧乞，六度所稱布施、忍辱、精進者，公誠有之。李贄曰公倜儻非常人也某見其人又聞其語矣世廟時駕幸承天公爲荊州惟時有司不能承宣德意以致繂夫走渴疲死無數公先期市藥材煮參蓍令置水次役無病者後築堤障江人感公爭出力至于今賴焉夫其所市藥費不過四五百金耳而令全活者以萬計又卒致其力築堤爲荊人世世賴公之仁心蓋若此矣公初第由翰林出爲縣令又由侍御史復出爲郡守藹慈祥愷悌雖于人無不愛然其剛毅正直之氣終不可以非法屈撓故未四十而掛冠以老人

能以其餘年肆力於問學勇猛堅固轉不退輪爲濟內賢豪驅先非常人明矣予等或見而知或聞而慕今其歿矣云誰之依地阻官羈生芻曷致爲位而告魂其聽之且予等與公同道爲朋生時何須識面同氣相應來時自遍十方惟願我公照臨法會降此華山鍾鼓齊鳴儼然其間富貴榮名無謂可樂此但請客時一場筵席耳薄暮則散去矣生年滿百未足爲壽以今視昔誠然一呼吸之間迅乎昔文章咸謂過人不知愚者得之徒增口業智者比之好音過耳達

人大觀視之猶土苴也有子萬事足俗有是言也不曰楊子雲法言白長慶樂天人至于今傳乎使待嗣而後傳則古今有子者何限也須知孔子不以孔鯉傳釋迦不以羅睺傳老聃不以子宗傳則公可以撫掌大笑矣勿謂道家法力勝禪家道家固不能離道而爲法也勿謂服食長生可冀公固不死矣何用長生乎勿謂灌頂陽神可出公固精神在天矣又何用勞神出乎公但直信本心勿顧影勿疑形則道力法力固自在也神力亦自在也再致我公

爲我告語李維明。維明者，白下人，名逢陽，別號翰峰，

仕爲禮部郎，於贛爲同曹友，於汴爲同年友，皆同道，

雅相愛慕者，故并設位，俾得與公會云。

○○王龍谿先生告文

聖代儒宗，人天法眼，白玉無瑕，黃金百鍊，今其沒矣，後將何仰？吾聞先生少遊陽明先生之門，既以一往而超詣，中升西河夫子之坐，遂至殁身而不替，要以朋來爲樂兮，不以不知而愠也，眞得乎不遷不貳之宗；正欲人知而信兮，不以未信而懈也，允符乎不厭

不倦之理蓋修身行道者將九十歲而隨地雨法者已六十紀矣以故四域之內或皓首而執經五陵之間多繼出以傳業遂令良知密藏昭然揭日月而行中天頓令洙泗淵源沛乎決江河而達四海非直斯文之未喪實見吾道之大明先生之功於斯爲盛噫肖淮南兒孫布地猶與盛與不可及矣今觀先生淵流更長悠也久也何可當哉所怪學道者病在愛身而不愛道是以不知前人付託之重而徒爲自私自利之計病在尊名而不尊己是以不念兒孫陷溺之

苦而務爲遠嫌遠謗之圖嗟夫以此救心是滅道也非傳道也是失己也非成己也先生其忍之乎嗟我先生唯以世人之聾瞽爲念是故苟可以坐進此道不敢解嘲也唯以子孫之陷溺爲憂是故同舟而遇風則胡越必相救不自知其喪身而失命也此先生付託之重所不能已也此予小子所以一面先生而遂信其爲非常人也雖生也晚居非近其所爲疑辨而注神傾心而悚聽者獨先生爾矣先生今既沒矣余小子將何仰乎嗟乎嘿而成之存乎其人不言而

信存乎德行。先生以言教天下，而學者每呫嗶其語言，以爲先生之妙若斯也，而不知其糟粕也。先生不貴也。先生以行示天下，而學者每驚疑其所行，以爲先生之不妙若斯也，而不知其精神也，是先生之所重也。我思古人實未有如先生者也，故因聞先生之訃也，獨反覆而致意焉。先生神遊八極，道冠終古，夭壽不二，生死若一，吾知先生雖亡，固存者也。其必以我爲知言也夫！其必以我知先生也夫！

○○○羅近谿先生告文

戊子冬月二十四日南城羅先生之訃至矣而先生之没實九月二日也夫南城一水閩耳往往至者不能十日餘而先生之訃直至八十餘日而後得聞何其緩也豈龍湖處僻往來者寡耶而往來者非寡直知先生者寡也然吾聞先生之門如仲尼而又過之蓋不啻中分魯矣其知先生者宜若非寡將實未聞好學者以故雖及門而終不知先生之所係於天下萬世者如此其甚重也耶夫惟其視先生也不甚重則其聞先生之訃也自不容於不緩矣余是以痛恨

先生之沒而益信先生之未可以死也有告我者曰先生欲以是九月朔辭世長往故作別語以示多士多士苦不忍先生別於是先生復勉留一日與多士談談竟矣爾後往耳今先生往矣無可奈何矣於是多士始乃拭淚含哀芺梓先生別語以告四方之士若曰得正而斃吾師無忝曾參矣扶杖逍遥吾師不愧夫子矣豈惟不惱死又善吾死吾師至是眞有得矣大爲其師喜故欲梓而傳之嗟乎先生之壽七十而又四矣其視仲尼有加矣夫人生七十古來所希

壽躋古稀雖恒人能不惜死而謂先生惜死乎何以
不惜死爲先生喜也且夫市井小兒辛勤一世贏得
幾貫錢鈔至無幾也然及其將終也已死而復甦既
瞑而復視猶恐未得所托然者使有托也則亦甘心
瞑目已矣先生生平之謂何顧此歷代衣鉢竟不思
欲置何地乎其所爲勉留一日者何故或者亦恐未
得所托矣如使有托雖不善死亦善也使未有托也
則雖善死先生不善也又何可以善死稱先生也吾
謂先生正當垂絶之際欲慟不敢慟之時思欲忍死

一再見焉而卒不可得者千載而下聞之猶堪斷腸望之猶堪墮淚此自是其至痛不可甘忍而謂先生忍死而不惜可乎蓋惜死莫甚於先生者吾恐更有甚於多士之惜先生之死也何也天既喪予予亦喪天無父則望孤無子而望絕矣其爲可悲可痛皆一也若如所云則千聖之衣鉢反不如庸夫之一貫市井小兒猶不忍於無托也而先生能忍之矣又何以爲先生也方聞訃時無慮僧深有從旁讚曰宜即爲位以告先生之靈余時蓋嘿不應云既而臘至矣歲

又暮矣既而改歲復爲萬曆己丑又元月又二月矣
又且分也深有曰某自從公游于今九年矣每一聽
公談談必首及王先生也以及先生癸未之冬王公
訃至公即爲文告之禮數加焉不待詔也憶公告某
曰我於南都得見王先生者再羅先生者一及入滇
復於龍里得再見羅先生焉然此丁丑以前事也自
後無歲不讀二先生之書無口不談二先生之腹令
某聽之親切而有味詳明而不可厭使有善書者執
管侍側當疾呼手腕脫矣當不止十紙百紙雖千紙

且有餘矣今一何嘿嘿也且丙戌之春某將杖錫南
遊公又告某曰急宜上盱江見羅先生于時龍溪王
先生死矣戊子之夏某復自南都來至傳道羅先生
有書欲抵南都云趣此大比之秋四方士大和會一
入秣陵城爲羣聚得朋計公即爲書往焦弱侯所羅
先生今茲來慎勿更蹉過恐此老老矣後會難可再
也既又時時物色諸盱江來者稍道羅先生病語病
又稍稍張皇矣公告某曰先生既病當不果南下矣
然先生實無甚病也吾觀先生骨剛氣和神完志定

勝似王先生王先生尚享年八十六先生即不百歲亦當九十決不死也然某覘公似疑羅先生病欲死者而竟絕口不道羅先生死試屢問之第云先生不死先生決不死今羅先生實死矣更嘿嘿何也嗟乎余嘿不應不知所以應也葢余自聞先生訃來似在夢寐中過日耳乃知眞哀不哀眞哭無涕非虛言也我今痛定思痛回想前事又似大可笑者夫謂余不思先生耶而余實思先生謂余不知先生耶而余實知先生深也謂余不能言先生耶而能言先生者實

莫如余乃竟口不言心不思筆不能下雖余亦自不知其何說矣豈所謂天喪予予喪天無父何怙無父而望孤者耶今予亦既老矣雖不曾親受業于先生之門而願買田築室厝骸于先生之旁者念無時而置也而奈何遂聞先生死也然惟其不曾受業于先生之門也故亦不能遍友先生之門下士而知其孰爲先生上首弟子也意者無其人特恨未見之耳言念先生束髮從師舍身爲道一上春官蜚聲鎖院而出世夙念眞結肺腸有道之思恐孤師友於是上

下四方靡足不騁咨詢既竭步趨遂正飲河如足空手歸來越又十年歲當癸丑乃對明庭釋褐從政公庭訟簡委蛇樂多口舌代鈇論心無兢胥徒令史渾如其家卽仕而學不以仕廢卽學稱仕何必仕優在朝如此居方可知自公既然家食何如堂前擊鼓堂下唱歌少長相隨班荆共坐此則先生七十四歲以前之日恒如此也若夫大江之南長河之北招提梵刹巨浸名區攜手同遊在在成聚百粤東甌羅施鬼國南越閩越滇越騰越窮髮鳥語人跡罕至而先生

墨汁淋漓周遍鄉縣矣至若牧童樵竪釣老漁翁市
井少年公門將健行商坐賈織婦耕夫竊屨名儒衣
冠大盜此但心至則受不問所由也況夫布衣韋帶
水宿巖棲白面書生青衿子弟黃冠白羽緇衣大士
縉紳先生象笏朱履者哉是以車轍所至奔走逢迎
先生抵掌其間坐而談笑人望丰采士樂簡易解帶
披襟　風時至有柳士師之寬和而不見其不恭有
大雄氏之慈悲而不問其無當同流合汙狂簡斐然
良賈深藏難識易見居柔處下非鄉愿也泥愛容衆

眞平等也力而至巧而中是以難及大而化聖而神夫誰則知蓋先生以是自度亦以是度人七十餘年之間東西南北無虛地雪夜花朝無虛日賢愚老幼貧病貴富無虛人矧伊及門若此其專且久有不能得先生之傳者乎吾不信也先生幸自慰意焉予雖老尚能驅馳當不辭跋涉為先生訪求門下士誰是眞實造詣得者得卽焚香以告以妥先生之靈曰予今而後而知先生之可以死也眞可以不惜死眞非徒自善其死者之比也而予痛恨先生之死之心可

以釋矣若孔子之與曾君言也直曰今也則亡未聞好學者也是謂無子而望絶也先生不如是也

○○○祭無祀文 代作

竊以生而爲人不得所依則不免凍餒而疾病作是故聖帝明王知而重之仁人君子見而矜之於是設養濟之院建義社之倉以至鄉里鄉黨之相賙車馬輕裘之共敝皆聖帝明王所謂煢獨之哀仁人君子之所以周急也而後四海始免怨號之夫矣而豈徒然也哉死而爲鬼不得所依則誰爲享奠而疫癘作

是故聖帝明王哀而無虞，仁人君子憐而設饗。於是乎上元必祭，中元必祭，以至清明之節，霜降之夕，無不有祭。蓋我

太祖高皇帝之所諄切，更　列聖而不敢替者，又不獨古聖哲王相循已也，而後天下始無幽愁之鬼矣，而豈無謂也哉。何也，聖帝明王與仁人君子，皆神人之主也。不有主，將何所控訴乎，又何以諧神人而協上帝，通幽明而承天休也。生人之無依者，又是何等，若文王所稱四民，其大槩也。死人之無依者，又是何

祭若我　太祖高皇帝所錄次序至詳悉也是故京則祭以上卿郡則祭以大夫邑則祭以百里之侯至於鄉祭里祭村祭社祭以及十家之都咸皆有祭而唯官祭則必以城隍之神主之前此一日本官先行牒告臨期詣壇躬請祭畢乃敢送神以歸而後妥焉此豈無義而聖人爲之哉此豈諂瀆於無祀之鬼空費牲幣以享無用而

太祖高皇帝肎爲之哉今玆萬曆丁酉之清明是夕也自京國郡國以至窮鄉下里莫敢不欽依　令典

相隨赴壇而祭或設位而祭矣況我沁水坪上仁人君子比屋可封生人無依尚仰衣食鬼苟乏祀能不望祭乎所恨羈守一官重違鄉井幸茲讀禮先廬念焄蒿之悽愴因思親以及親爲位北郭請僧諷經自今夕始矣凡百無主鬼神有飯一飽無痛乏宗有錢分授無爭人我是所願也抑余更有說焉凡爲人必思出苦更於苦中求樂凡爲鬼必愁鬼趣更於趣中望生乃可若但得飽便足得錢便歡則志在錢飽耳何時得離此苦趣耶醉飽有時幽愁長在吾甚爲諸

鬼處之。竊聞阿彌陀經等、金剛經等、諸佛眞言等、衆僧爲爾宣言再三再四、皆欲爾等、度脫鬼倫、即生人天、或趣佛乘、或飯西方者、誠可聽也、非但欲爾等一飽已也、又聞地藏王菩薩發願欲代一切地獄衆生之苦、此夕隨緣在會、有話須聽、又聞面然大士統領三千大千神鬼、與爾等相依日久、非不欲盡數超拔爾等　亦無奈爾等自家不肯何耳、今爾等、日夜守著　瞻仰　地藏菩薩、可謂最得所主矣、幸時[illegible]文[illegible]沉迷、則我此壇場、其爲諸鬼、成聖

咸賢生人生天之場大非偶也若是則不但我境內
以及四境之無祀者所當敬聽即我宗親并內外姻
親諸凡有人奉祀者亦當聽信余言必求早早受脫
也雖有祀與無祀不同有嗣與無嗣不同然無嗣者
呼為無祀之鬼有嗣者亦呼為有祀之鬼總不出鬼
域耳總皆鬼也我願一聽此言也我若狂言無稽面
然大士必罰我　地藏王菩薩必罰我　諸佛諸大
聖衆必罰我　諸古昔聖君賢相仁人君子必罰我
兼我　太祖高皇帝、　成祖文皇帝以及　列聖皆

當罰我矣不敢不敢不虛不虛謹告

## 篁山碑文 代作

篁山庵在江西饒州德興縣介萬山中其來舊矣而人莫知山有靈氣唐元和間有張庵孫者修真得道於此迨勝國至元里人胡一眞又於此山修眞得道去相傳至今山巔有二眞人焉嗣後山缺住持庵院幾廢失今不修將不免為瓦礫之場矣一興一廢理固常然既廢復興寧獨無待此僧眞空之所為作也眞空少修戒律行遊京師從興聖禪師說戒比還故

既覺到舟次忽感異夢彷然若見觀音大士指引入篁山修行者歸而問人人莫曉也眞空遂發願此生必見大士乃已撥草窮源尋至其地果見大士巖然在於廢院之中眞空不覺進前拜禮伏地大哭於是復矢心誓天務畢此生之力修整舊刹復還故物苦行齋心戒律愈厲居民長者感其至誠協贊募化小者輸木石大者供糧米未及數年而庵院鼎新聖像金燦朝鐘暮鼓燈火熒煌非但大士出現僧衆有皈且與山陬野叟岩畔樵夫同依佛日獲大光明向

之閱然莫曉其處者今日共登道場皆得同遊於淨土矣向非眞空嚴持有素則大士必不肯見夢以相援又非發願勤渠禮拜誠篤則居民又安肯捐身割愛以成就此大事乎固知僧律之所係者重也佛說六波羅蜜以布施爲第一持戒爲第二眞空之所以能勸修者戒也衆居士之所以布施者爲其能持戒也眞空守其第二以獲其第一而衆居士出其第一以成其第二可知持戒固重而布施尤重也布施者比持戒爲益重所謂靑於藍也衆居士可以踴躍讃

嘆同登極樂之鄉矣千千萬萬刦寧復是此等鄉里之常人耶持戒者寧爲第二而使世人盡居第一布施波羅蜜極樂道場所謂青出於藍也僧眞空雜居衆人後實居衆人前蓋引人以皈西方其功德益無比也余是以益爲眞空喜也向兩眞人已去今戒眞人復繼之千餘年間成三眞人然戒眞人念佛勤皈依切定生西方無疑它日如見向者兩眞人幸一攜之毋使其或迷於小道則戒眞人之功德益溥矣玆因其不遠數千里乞言京師欲將勒石以記余以此

得與西方之緣，秖眞人見今度余也。余其可以不記乎。若其中隨力散財之多寡，隨分出力之廣狹，興工於某年月，訖工於某時日，殿宇之宏敞，僧房之幽邃，以至齋堂廚舍井竈之散處其中，最有協贊之僧衆，最有竭力之檀越，各各細書名實，于碑之陰矣。

李生十交

或問李生曰：子好友，今兩年所矣，而不見子之交一人何？曰：此非君所知也。子交最廣，蓋舉一世之人，毋有如子之廣交者矣。子交有十，十交則盡天下之交矣何謂十其最切爲酒食之交其次爲市井之交如和氏交易平心閔氏油價不二汝交之我亦交之汝今久矣日用而不知也其三爲遨遊之交其次爲坐談之交遨遊者遠則資舟近則譚笑謔而不爲虐億而多奇中雖未必其八何如亦可以樂而忘返去而見思矣技能可人則有若琴師射士棋局畫工其人焉術數相將則有若天文地理星曆占卜其人焉其中達士高人未可即得但其技精則其神王决非拘牽齷齪卑卑瑣瑣之徒所能到也聊以與之遊不令

人心神俱爽、賢於按籍、索古、談道德、說仁義乎、以至文墨之交、骨肉之交、心膽之交、生死之交、所交不一人而足也、何可謂予無交、又何可遽以一人索予之交也哉、夫所交真可以託生死者、予行遊天下、二十多年、未之見也、若夫剖心析肝相信、意者其唯古亭周子禮乎、肉骨相親、期於無斁、予於死友李維明蓋庶幾焉、詩有李書有文、是矣、然亦何必至是、苟能遊心於翰墨、蜚聲於文苑、能自馳騁、不落蹊徑、亦可玩適以共老也、唯是酒食之交、有則往、無則止、不往、然不必愛賢好客貧而整富而潔者乃可往耳愛客爲上好賢次之整而潔又次之然是酒食也最日用之第一義也予惟酒食是需飲食宴樂是困則其人亦以飲食爲媒而他可勿論之矣故愛客可也好賢可也整而潔亦可也無所不可故無不不友而況傾蓋交歡飲水可肥無所用媒者哉已矣故今直道飲食之事以識予交遊之最切者飲食之人則人賤之予願交友幸勿棄也

## 自贊

其性褊急、其色矜高、其詞鄙俗、其心狂癡、其行率易、其交寡而面見親熱、其與人也、好求其過、而不悅其所長、其惡人也、既絕其人、又終身欲害其人、志在溫飽、而自謂伯夷叔齊、質本齊人、而自謂飽道飫德、分明一介不與、而以有莘藉口、分明毫毛不拔、而謂楊朱賊仁、動與物迕、口與心違、其人如此、鄉人皆惡之矣、昔子貢問夫子曰、鄉人皆惡之何如、子曰、未可也、若居士其可乎哉、

## 贊劉諧

有一道學高屐大履長袖濶帶綱常之冠人倫之衣拾紙墨之一二竊唇脗之三四自謂眞仲尼之徒焉時遇劉諧劉諧者聰明士見而哂曰是未知我仲尼兄也其人勃然作色而起曰天不生仲尼萬古如長夜子何人者敢呼仲尼而兄之劉諧曰怪得羲皇以上聖人盡日燃紙燭而行也其人嘿然自止然安知其言之至哉李生聞而善曰斯言也簡而當約而有餘可以破疑網而昭中天矣其言如此其人可知也蓋雖出於一時調笑之語然其至者百世不能易

○方竹圖卷

昔之愛竹者，以愛故稱之曰君。非謂其有似於有斐之君子而君之也，直怫悒無與誰語，以謂可以與我者，唯竹耳，是故儻相約而謾相呼，不自知其至此也。或曰：王子以竹爲此君，則竹必以王子爲彼君矣。此君有方有圓，彼君亦有方有圓。圓者常有，而方者不常有；常不常異矣，而彼此君之，則其類同也；同則親矣。然則王子非愛竹也，竹自愛王子耳。夫以王子其人，山川土石，一經顧盼，咸自生色，況此君哉！且天地

之間凡物皆有神况以此君處一中直上而獨不辭去
傳曰士爲知己用女爲悅己容此君亦然彼其一遇
王子則踈節奇氣自爾神王平生挺直凌霜之操盡
成簫韶鸞鳳之音而務欲以爲悅己者之容矣彼又
安能孑然獨立窮年瑟瑟長抱知己之恨乎由此觀
之鶴飛翻翻以王子晋也紫芝燁燁爲四皓饑也寧
獨是龍馬負圖洛龜呈瑞儀於舜鳴於文獲於魯叟
物之愛人自古而然矣而其誰能堪之今之愛竹者
吾惑焉彼其於王子不類也其視放傲不屑至惡也

□□叢書　卷十三
廿五

而唯愛其所愛之竹以似之則雖愛竹竹固不之愛矣夫使若人而不爲竹所愛也又何以愛竹爲也以故余絶不愛夫若而人者之愛竹也何也以其似而不類也然則石陽之愛竹也類也此愛彼君者也石陽習靜廬山山有方竹石陽愛之特繪而圖之以方竹並不常有也石陽將歸雖與余別持是示余何爲者哉余謂予之此君已相隨入蜀去矣何曾別

○書黄安二上人手册

出家者終不顧家若出家而復顧家則不必出家矣

出家爲何爲求出世也出世則與世隔故能成出世事出家則與家絶故乃稱眞出家兒今觀釋迦佛豈不是見身爲淨飯王之子轉身即居轉輪聖王之位乎其爲富貴人家孰與比也内有耶輸女之賢爲之妻又有羅睺羅之聰明爲之兒一旦棄去入窮山忍饑凍何爲而自苦乃爾也爲求出世之事也出世方能度世夫此世間人猶欲度之使成佛況至親父母妻兒哉故釋迦成道而諸人同證妙樂其視保守一家之人何如耶人謂佛氏戒貪我謂佛乃眞大貪者

唯所貪者大，故能一刀兩斷，不貪戀人世之樂也。非但釋迦，即孔子亦然。孔子之於鯉死也久矣，是孔子未嘗爲子牽也；鯉未死而鯉之母已卒，是孔子亦未嘗爲妻繫也；三桓薦之而孔子不仕，非人不用孔子，乃孔子自不欲用也。視富貴如浮雲，唯與三千七十，游行四方，西至晉，南走楚，日夜皇皇，以求出世知己，是雖名爲在家，實終身出家者矣。故予謂釋迦佛，辭家出家者也；孔夫子，在家出家者也，非誕也。今我自視聰明力量既遠不逮二老矣，而欲以悠悠之念證佛祖大事、多見其不自量也、上人又何爲而遠來乎、所幸雙親歸土、妻室人黃氏又亡、雖有一女、嫁與莊純夫、純夫亦是有向前努力者、今黃安二上人來此、欲以求出世大事、余何以告之、第爲書釋迦事、又因其從幼業儒、復書孔子生平事、以爲譬、欲其知往古、勉將來、以不負此初志而已也、

## 讀律膚說

淡則無味、直則無情、宛轉有態、則容冶而不雅、沉着可思、則神傷而易弱、欲淺不得、欲深不得、拘於律則

爲律所制是詩奴也其失也卑而五音不克諧不受律則不成律是詩魔也其失也亢而五音相奪倫不克諧則無色相奪倫則無聲蓋聲色之來發於情性由乎自然是可以牽合矯強而致乎故自然發於情性則自然止乎禮義非情性之外復有禮義可止也惟矯強乃失之故以自然之爲美耳又非於情性之外復有所謂自然而然也故性格清徹者音調自然宣暢性格舒徐者音調自然疏緩曠達者自然浩蕩雄邁者自然壯烈沉鬱者自然悲酸古怪者自然奇

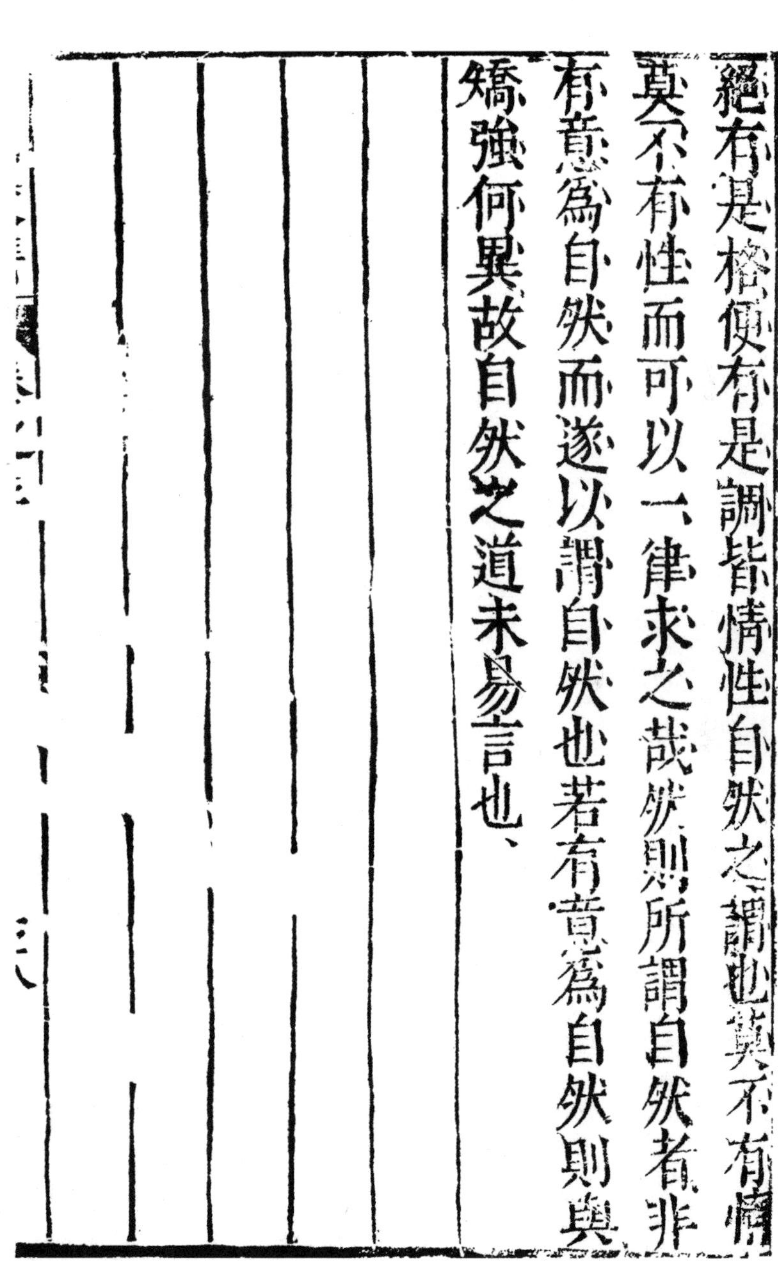

纔有是格便有是調皆情性自然之謂也莫不有情莫不有性而可以一律求之哉然則所謂自然者非有意爲自然而遂以謂自然也若有意爲自然則與矯強何異故自然之道未易言也

［明］李贄 撰

下册

文物出版社

# 李氏焚書卷之四

## 雜述

### ○○○解經題

大佛頂者，至大而無外，故曰大；至高而莫能上，故曰頂。至大至高，唯佛爲然，故曰大佛頂也。夫自古自今，誰不從是大佛頂如如而來乎？但鮮有知其因者耳。能知其因，如是至大，如是至高，則佛頂在我矣。然何以謂之至大？以無大之可見，故曰至大也。何以謂之至高？以無高之可象，故曰至高也。不可見，不可象，非以不能以密脩不能以密而何人唯不知其因甚密故不能以密脩不能以密證而欲其決了難矣豈知此經爲了義之密經此脩爲證明之密脩此佛爲至大至高不可見不可象密密之佛乎此密密也諸菩薩萬行悉從此中流出無不可見無不可象非頑空無用之比也是以謂之首楞嚴首楞嚴者唐言究竟堅固也究竟堅固不壞則無必無生無了不了之人矣

〇〇〇書決疑論前

經可解不可解解則通于意表解則落於言詮解則

不執一定，不執一定，卽是無定，無定則如盋盤之珠，何所不可解，則執定一說，執定一說，卽是死語，死語則如印印泥，欲以何用也。此書千言萬語，只解得心經中色卽是空，空卽是色兩句經耳，經中又不曰，是故空中無色乎，是故無色者，衆色之母，衆色者，無色之色，謂衆色卽是無色，則可謂衆色之外，別無無色，豈可哉。由此觀之，眞空者，衆苦之毋，衆苦者，眞空之苦，謂眞空能生衆苦，則可謂眞空不能除滅衆苦，又豈可哉。葢旣能生衆苦，則必定能除滅衆苦無疑也。

衆苦熾然生、而眞空未嘗生、衆苦卒然滅、而眞空未
嘗滅、是以謂之極樂法界、證入此者謂之自在菩薩
耳、今以厭苦求樂者謂之三乘、則心經所云照見五
蘊皆空、度一切苦厄、又云能除一切苦、眞實不虛者、
皆誑語矣、十法界以佛界與九界並稱、豈可即以娑
婆世界爲佛界、離此娑婆世界、遂無佛界邪、故謂娑
婆世界即佛世界可也、謂佛世界不即此娑婆世界
亦可也、非厭苦、誰有發心求樂、非喜於得樂、又誰有
發心以求極樂乎、極樂則自無樂、無樂則自無苦、無

罣礙無恐怖無顛倒夢想非有苦有罣礙有恐怖有顛倒而見以爲無也非有智有得而見以爲無得也非有因有緣有苦有集有滅有道而強以爲無苦集滅道也非有空有色有眼耳鼻舌身意而強以爲空中無色無眼耳鼻舌身意也故曰但有言說皆無實義夫經言教也聖人不得已而有言故隨言隨掃亦恐人執之耳苟知凡所有相皆是虛妄則願力慈悲尤相之大者生死之甚者而可藉之以爲安執之以爲成佛之根本乎凡有佛即便有願即便有慈悲今

但恐其不見佛耳、不患其無佛願、無慈悲心也、有佛而無慈悲大願者、我未之見也、故有佛、卽便有菩薩、佛是體、菩薩是用、佛是主人翁、菩薩是管家人、佛是聖天子、菩薩是百執事、誰能離得、若未見佛而徒興假慈悲殆矣、

〇〇解經文

晦昧者、不明也、不明卽無明、並間有一種不明自己心地者、以爲吾之眞心、如太虛空、無相可得、秖緣色想交雜、昏擾不寧、是以不空耳、必盡空諸所有、然後

完吾無相之初、是爲空也、夫使空而可爲、又安得謂之眞空哉、縱然爲得空來、亦卽是掘地出土之空、如今人所共見太虛空耳、與眞空總無交涉也、夫其初也本以晦昧不明之故、而爲空、其旣也、反以爲空之故、益晦暗以不明、所謂晦暗、卽是晦昧、非有二也、然是眞空也、遇明白曉了之人、眞空卽在此明白之中、而眞空未始明白也、苟遇晦暗不明之者、眞空亦卽在此晦暗之中、而眞空未始晦暗也、故曰空晦暗中、唯是吾心眞空特地結起一朵晦暗不明之色、本欲而反爲色，是以空未及爲而色已暗結矣。故曰：結暗爲色。於是卽以吾晦暗不明之妄色，雜吾持地爲空之妄想，而身相宛然遂具。蓋吾此身，原從色想交雜而後有也。既以妄色妄想相交雜而爲身，於是攀緣搖動之妄心，日夕屯聚于身內；望塵奔逸之妄馳於身外，如衝波逐浪，無有停止，其爲昏擾擾相，始不容以言語形狀之矣。是謂心相，非眞心也。而以相爲心，可與？是自迷也。既迷爲心，則必決定以爲心在色身之內，必須空却諸擾擾相，而爲空之念復起矣復從爲空結色雜想以成吾身展轉受生無有終極皆成于爲空之一念始于晦昧之無明故耳夫既迷爲心是一迷也復迷謬以爲吾之本心卽在色身之內必須空却此等心相乃可嗟嗟心相其可空乎是迷而又迷者豈故曰迷中倍人豈知吾之色身洎外而山河遍而大地幷所見之太虛空等皆是吾妙明眞心中一點物相耳是皆心相自然誰能空之邪心相既總是眞心中所現物眞心豈果在色身之內邪夫諸相總是吾眞心中一點物卽浮漚總

大海中一點泡也。使大海可以空卻一點泡，則眞心亦可以空卻一點相矣，何自迷乎？比類以觀，則晦昧爲空之迷惑可破也已。且眞心既已包卻色身，洎一切山河虛空大地諸有爲相矣，則以相爲心，以心爲在色身之內，其迷惑又可破也。

## 念佛答問

小大相形，是續鳧短鶴之論也。天地與我同根，誰是勝我者？萬物與我爲一體，又誰是不如我者？我謂念佛即是第一佛，更不容于念佛之外復覓第一義諦也、如謂念佛乃釋迦權宜接引之法、則所謂最上一乘者、亦均之爲權宜接引之言耳、古人謂佛有悟門、曾奈落在第二義、正仰山小釋迦吐心吐膽之語、後來中峰和尚謂學道眞有悟門、教人百計搜尋、是悞人也、故知此事在人眞實怕死與不耳、發念苟眞、則悟與不悟、皆爲戲論、念佛參禪、總歸大海、無容着脣吻處也

○○○征途與共後語

弱侯之言、蓋爲未得謂得者發耳、若方子及、猶爲勇

往之時、豈宜以此言進之哉、然吾聞學者未得謂得、真不少也、則即進之以此言亦宜、夫世間功名富貴、最易埋沒人、余老矣、死在旦夕、猶不免近名之累、況當熱鬧之場、擦粉塗額以悅于人、而肯究心生死、視人世繁華極樂、以為極苦、不容加乎其身、余又安所求于世也、蓋生死念頭尚未萌動、故世間參禪學道之夫、亦只如此而止矣、則有鼻孔遼天者亦足奇也、我願弱侯勿太責之備也、姑置勿論、且摘弱侯敘中語以與弱侯商何如、弱侯謂聲音之道可與禪通、似矣、而引伯牙以爲證謂古不必圖譜今不必碩師傲然遂自信者適足以爲笑則余實不然之夫伯牙於成連可謂得師矣按圖指授可謂有譜有法有古有今矣伯牙何以終不得也且使成連而果以圖譜碩師爲必不可已則空窮日夜以敎之操何必移之海濱無人之境寂寞不見之地直與古之矇者等則又烏用成連先生爲也此道又何與於海而必之於海然後可得也尤足怪矣蓋成連有成連之音雖成連不能授之於弟子伯牙有伯牙之音雖伯牙不能必得之

於成連所謂音在於是偶觸而即得者不可以學人爲也矇者唯未嘗學故觸之即契伯牙唯學故至于無所觸而後爲妙也設伯牙不至于海設至海而成連先生猶與之偕亦終不能得矣唯至於絕海之濱空洞之野渺無人跡而後向之圖譜無存指授無所碩師無見凡昔之一切可得而傳者今皆不可復得矣故乃自得之也此其道蓋出于絲桐之表指授之外者而又烏用成連先生爲邪然則學道者可知矣明有所不見一見影而知渠聰有所不聞一擊竹而

成偈大都皆然何獨矇師之與伯牙邪吾願子及如矇師弱矣如居海上者於是焉敬以書其後而題曰征途與其以歸之與其者與其學也子及以純父爲可與故征途日與之其學倘眞可與其則願并以此語與之可

○○批下學上達語

學以求達此語甚不當既說離下學無上達則即學即達即下即上更無有求達之理矣而復曰求達何邪然下學自是下學上達自是上達若即下學便以

爲上達亦不可也而乃曰學以求達是果卽下學以
求達邪抑別有求達之學邪若卽學求達當如前詰
若別有求達之學則剜肉作瘡尤爲揠苗之甚矣故
程伯子曰洒掃應對便是精義入神曰便是則是卽
學卽達也然又曰人須是識其眞心夫眞心不可以
識識而可以學求乎不可以學求則又是離學而後
有達也故謂學以求達者非也離學者亦非卽學者
亦非然則夫子何自而上達乎此顏子所以終身苦
孔之達矣不曰卽學卽達不曰離學而達亦不曰學

以求達而但曰下學而上達何其意圓語圓令人心領神會而自默識於言意之中也今觀酒掃應對雖下愚之人亦能之唯不能達乎其上是以謂之下學也是以謂之百姓也是以謂之鄙夫也是以謂之凡民也是以謂之但可使由也至於精義入神則自然上達矣上達則爲聰明聖智達天德之人矣是以謂之曰形而上也謂之曰可以語上也謂之曰君子上達也雖顏子大賢猶曰未達一間曰其始庶幾況他人哉則夫子之自謂莫我知自謂唯天知者信痛悼

之極矣蓋並之學者不是日用而不知則便是見之爲仁智而能上達者其誰也夫學至上達雖聖人有所不知而凡民又可使知之乎故曰吾有知乎哉雖聖人有所不能而凡民又可使能之乎故曰民鮮能久矣民之所以鮮能者以中庸之不可能也非棄之也然則下學者聖凡之所同夫凡民旣與聖人同其學矣則謂滿街皆是聖人何不可也上達者聖人之所獨則凡見之爲仁知與日用而不知者總是不達則總是凡民明矣然則自顏子而下皆凡民也何與

也夫先聖雖欲不慨嘆于由賜之前可得邪

○○書方伯雨冊葉

楞嚴唐言究竟堅固也究竟堅固者是何物此身非究竟不壞也敗則歸土矣此心非究竟不壞也散則如風矣聲名非究竟不壞也天地數終乾坤易位古聖昔賢載籍無存矣名於何有聲於何寄乎切須記取此一着子何物是堅固何年當究竟究竟堅固不壞是眞實語是虛謬語是誑人語是不誑人語若誑人是佛自誑也安能誑人千萬參取

○○讀若無寄母書

若無母書云：我一年老一年，八歲守你，你旣捨我出家也罷，而今又要遠去。你師當日出家，亦待終了父母，纔出家去，你今要遠去，等我死了還不遲。若無答云：近處住，一毫也不曾替得母親。母云：三病兩痛，自是方便，我自不欠掛你，你也安心，亦不欠掛我，兩不欠掛，彼此俱安，安處就是靜處，如何只要遠去以求靜邪？況秦蘇哥從買寺與你以來，待你亦不薄，你想道情，我想世情，世情過得，就是道情，莫說我年老就

你二小孩子、亦當看顧他、你師爺日出家、遇荒年也
顧兒子、必是他心打不過、纔如此做、設使不顧、使他
流落不肖、爲人笑恥、當此之時、你要脩靜、果動心邪、
不動心邪、若不動心、未有此理、若要動心、又怕人笑、
又只隱忍過日、似此不管而不動心、與今管他而動
心、孰眞孰假、孰優孰劣、如此看來、今時管他迹著動
心、然中心安安妥妥、却是不動心、若不管他迹、若不
動、然中心隱隱痛痛、却是動心、你試密查你心、安得
他好、就是常住就是金剛、如何只聽人言、只聽人言

不查你心、就是被境轉了、被境轉了、就是你不曾安心處、你到不去住心地、只要去住境地、吾恐龍潭不靜、要住金剛、金剛不靜、更住何處耶、你終日要講道我今日與你講心、你若不信、又且證之你師、如果在境當住金剛、如果在心、當不必遠去矣、你心不靜、莫說到金剛、縱到海外、益不靜也、卓吾子讀而感曰恭喜家有聖母、膝下有眞佛、夙夜有心師、所矢皆海潮音、所命皆心髓至言、顛撲不可破、回視我輩、傷人隔靴搔癢之言、不中理也、又如說食示人、安能飽人、徒令傷人又笑傷人而自不知恥也、反思向者與公數紙皆是虛張聲勢、恐嚇愚人、與真情實意何關乎、乞速投之水火、無令聖母看見、說我平生盡是說道理害人去也、又願若無張掛爾聖母所示一紙、時時令念佛學道人觀看、則人人皆曉然去念真佛、不肎念假佛矣、能念真佛、卽是真彌陀、縱然不念一句彌陀佛、阿彌陀佛亦必接引、何也、念佛者必脩行孝、則百行之先、若念佛名而孝行先缺、豈阿彌陀亦少孝行之佛乎、決無是理也、我以念假佛、而求見阿彌陀佛彼佛當初亦念何佛而成阿彌陀佛乎。必定亦只是尋常孝慈之人而已。言出至情，自然刺心，自然動人，自然令人痛哭，想若無必然與我同也。未有聞母死言而不痛哭者也。

〇〇耿楚空先生傳

先生諱定理，字子庸，別號楚空，諸學士所稱八先生是也。諸學士咸知有八先生，先生初不自知也。而此稱楚空先生傳何也。夫傳者所以傳也，先生初不待傳而此復為傳以傳之，又何也。蓋先生初不待傳，而余實不容不爲先生傳者按先生有德不耀是不欲耀其德也有才無官是不欲官其才也不耀德斯成大德矣不用才始稱眞才矣人又烏能爲先生傳乎且先生始終以學道爲事者也雖學道人亦不見其有學道之處故終日口不論道然目擊而道斯存也所謂雖不濕衣時時有潤者也莊純夫曾告我曰八先生云吾始事方湛一湛一本不知學而好虛名故去之最後得一切平實之旨於太湖復能收視返聽得黑漆無入無門之旨於心隱乃始充然自足深信

而不復疑也。唯世人莫可告語者，故遂終身不談。唯與吾兄天臺先生講論于家庭之間而已。故亦遂以天臺爲師，天臺亦自謂吾之問學，雖有所契，然賴吾八弟之力爲多。子庸曾問天臺云：學庸語孟雖同是論學之書，未審何語最切？天臺云：聖人人倫之至一語最切。子庸謂終不若未發之中之一言也。余當時聞之，似若兩件然者。夫人倫之至，卽未發之中，苟不知未發之中，則又安能至乎？蓋道至于中，斯至矣。故曰：中庸其至矣乎！又曰：無聲無臭，至矣。歲壬申，楚空遊白下，余時懵然無知，而好談說，先生默默無一言，但問余曰：學貴自信，故曰：吾斯之未能信。又怕自是，故又曰：自以爲是，不可與入堯舜之道。試看自信與自是，有何分別。余時驟應之曰：自以爲是，故不可與入堯舜之道；不自以爲是，亦不可與入堯舜之道。楚空遂大笑而別，蓋深喜余之終可入道也。余自是而後，思念楚空，一不置。又以未得見天臺爲恨。丁丑入滇，道經團風，遂舍舟登岸，直抵黄安見楚空，并睹天臺，便有棄官留住之意。楚空見余蕭然，勸余復入，余乃留吾女并吾壻莊純夫于黄安，而因與之約曰：待吾三年滿，收拾得正四品祿俸歸來，爲居食計，即與先生同登斯岸矣。楚空牢記吾言，教戒純夫學道甚緊，吾女吾壻，天臺先生亦一以已女已壻視之矣。嗟嗟！予敢一日而忘天臺之恩乎！既三年，余果來歸，奈之何聚首未數載，天臺即有 內召，楚空亦遂終天也。既已戚戚無懽，而天臺先生亦終守定人倫之至一語在心，時時恐余有遺弃之病，余亦守定未發之中一言，恐天臺或未窺物始，未察倫物之原，故往來論辯，

未有休時遂成扞格直至今日耳今幸天誘我衷使
予舍去奔發之中而天臺亦遂頓忘人倫之至乃知
學問之道兩相舍則兩相從兩相守則兩相病勢固
然也兩舍則兩忘兩忘則渾然一體無復事矣余是
以不避老不畏寒直走黃安會天臺于山中天臺聞
予至亦遂喜之若狂志同道合豈偶然耶然使楚空
先生而在則片言可以折獄一言可以回天又何至
苦余十有餘年彼此不化而後乃覺耶設使未十年
而余遂死余終可以不化邪余終可以不與天臺合

耶，故至次日，遂同其子汝念往拜先生之墓，而先生之墓木拱矣。余既痛九原之不可作，故特爲此傳，而連書三紙以貽之：第一紙以呈天臺，志余喜也；第二紙付汝念、汝思，使告而焚之先生之墳，志余恨也；第三紙特寄子健于京，志余喜而且恨，恨而又喜也。葢子健推愛兄之心以及我，可謂無所不至矣，故爲傳傳余意，以告先生云。

敬少時多病，貧生無術，藉楚空兄介紹，得受業于耿天臺先生之門。先生雖知余學究于[illegible]

余猶子也、繼因往來耿宅、得與李卓吾先生遊、心切師事之、兩先生以論道相左、今十餘年矣、敬居其間、不能贊一辭、口含黃蘗、能以氣向人乎、唯恨楚空兄早逝耳、三日前、得楚空長郎汝念書、汝念以送莊純夫到九江、專人馳書白下、報喜於余云兩先生已聚首、語甚歡契、越三日、則爲十二月二十九、余初度辰也、得卓吾先生寄所著楚空先生傳、述兩先生契合本末且悉、余讀之不覺淚下曰、兩先生大而化矣、乃適以今日至、豈非余更生辰

邪，抑楚空先生復作也，因手書而梓之，板成以付汝念及余壻汝思。　周思敬跋

○○○附周友山爲明玉書法語

萬壽寺僧明玉，事溫陵李長者日久矣。長者本爲出世故來此，然世人方履人間世，日夜整頓人世事，尚無休時，而暇求出世之旨，以事出世之人乎。雖出家兒猶然，何況在家者？且長者性方行獨，身世孤單，生平不愛見俗人聞俗語，以故身世益孤，惟愛讀書，讀書每見古忠臣烈士，輒自感慨流涕，

故亦時時喜聞人圡忠義事、不但以出圡故亦見
長者、長者方喜之、若或有以眞正的實忠義事來
告長者、亦無不喜也、是故、明玉和尚喜以興福寺
開山第一祖無用事告長者云、興福寺古刹也、無
用方僧也、無用遊方來至其寺、憫寺僧之衰殘、念
居民之侵害、持竹鎗連結果一十七條性命、然後
歪縣自明、詣獄請死、縣令憐之、欲爲出脫、無用不
從、遂卽自刎、寺僧感其至性、能以身護法、以死衛
衆、遂以此僧爲開山第一祖、至今直寺者、守其規

程，不敢少犯。長者聞之，歡喜無量，叫明玉而言曰：爾莫輕易說此僧也。此僧若在家，即眞孝子矣；若在國，則眞忠臣矣；若在朋友，則眞義士矣；若有學道參禪，則眞出世丈夫，爲天人師佛矣，可輕易也耶！蓋天地間只有此一副眞骨頭耳。不問在世出世，但有此，百事無不成辦也。明玉之告長者，幷長者之語明玉，如此。今年春，明玉爲興福寺直歲僧，來求法語于余，余因以得聞長者之語，遂語明玉曰：即此是法語矣，又何求乎？苟直歲僧聞此語，則能念祖德也繼繼繩繩山門不墜矣苟合寺僧闔此語則毋忘祖功也歲歲年年規程一如矣况因此得聞長者之風頓明出世大事乎明玉可即以此語登之于軸懸之于直寺方丈之室庶幾合寺僧衆雲遊道侶過而讀焉或有真正骨頭者急來報我我將携以見長者俾長者不至孤單也

○題關公小像

古稱三傑吾不曰蕭何韓信張良而曰劉備張飛關公古稱三友吾不曰直諒與多聞而曰桃源三結義

嗚呼唯義不朽故天地同久况公皈依三寶於金仙氏爲護法伽藍萬億斯年作吾輩導師哉某也四方行遊敢曰以公爲述唯其義之是以儀之唯其尚之是以像之

○○○三大士像議　絶世之談

觀世音像高一尺四寸文殊像高一尺二寸面俱向南而意思實時時照觀世音獨普賢像高一尺二寸面正向如觀世音　而趺坐盤石則如文殊普賢與文殊二大菩薩俱　崖北觀世音坐俱稍下三四

寸俱相去一尺九寸羅漢等五隊俱高六七寸有行立
起伏不同觀音坐出石崖一尺三寸文殊普賢坐出
石崖一尺一寸別有玲瓏山石覆罩其頂俱出崖三
尺四寸直至橫斷崖遂止高處直頂穿山穴石崖自
東來至正中亦遂止觀音立旁有善財執花奉獻崖
又稍斷復起一陡崖轉向正中坐坐文殊師利又自
西斜向東連生兩崖一崖建塔一崖坐普賢即此三
坐上方迤遞逶迤或隱或現或續或絕俱峻險古怪
則羅漢等往來其間用心如意塑出用上好顏料裝

成、即有賞、不則明告佛菩薩、即治罰也、時有衆僧共見、曰崖上菩薩法身莫太小麽、和尚曰、只有山藏人、未有人包山、後菩薩像出、和尚立視良久、敎處士曰、三大士總名菩薩、用處亦各不同、觀音表慈、須面帶慈容、有憐憫衆生沒在苦海之意、文殊表智、凡事以智爲先、智最初生、如少男然、面可悅澤豐滿、若喜慰無盡者、普賢表行、須有辛勤之色、恰似諸行未能滿足其願、若知此意、則菩薩真身自然出現、可使往來瞻仰者頓發菩提心矣、豈不大有功德哉、不但爾也、即女平生塑像以來、一切欺天、誑人之罪、皆得銷殞矣、時有一僧對曰、也要他先必有求懺悔之心乃可、和尚呵之曰、此等腐話、再不須道、處士金姓、眇一目、視瞻不甚便、而心實平穩可教、像之面目、有些不平整、和尚每見、輒嘆以爲好、豈非以其人乎、抑所嘆在驪黃之外也、衆僧實不知故、因和尚歸方丈、即指令改正、和尚大叫曰、叫女不必改、如何又添致也、金處士牙顫手搖、即答云、非某甲意、諸人教戒某也、林時亦在傍、代啓和尚曰、比如菩薩鼻孔不對嘴、面不端正、亦可不改正乎和尚忻然笑曰爾等怎解此箇道理爾試定睛一看當時未改動時何等神氣何等精彩但有神則自活動便是善像佛菩薩者矣何必添補令好看也好看是形世間庸俗人也活動是神出世間菩薩乘也好看者致飾於外務以悅人今之假名道學是也活動者真意實心自能照物非可以肉眼取也適居士楊定見携寶石至和尚呼侍者取水淨洗因置一莖艸於淨几之上取石吸草以辨真不蓋必真乃可以安佛菩薩面頂對髻也乃石竟不吸於艸

和尚乃覺曰寶石不吸腐艸磁石不引曲鍼自古記之矣快取一莖新草來投之一投卽吸和尚喜甚曰石果眞矣此非我喜眞也佛是一團眞者故並有眞人然後知有眞佛有眞佛故自然愛此眞人也唯眞識眞唯眞逼眞唯眞念眞安哉然則不但佛愛此眞石我亦愛此眞石也不但我愛此眞石卽此一粒眞石亦惓惓欲人知其爲眞而不欲人以腐艸誣之以爲不眞也使此眞石遇腐人投腐艸不知其性則此石雖眞畢竟死于腐人之手決矣佛像菩薩坯胎已

就處士長跪合掌而言曰，請和尚看安五臟。和尚笑曰，且住，我且問爾，爾曾留有後門不，若無門，即有腹臟屎從何出。所以你們愚頑，未達古人立像之意。古人立像，以衆生心散亂，欲使之覩佛皈依耳。佛之心肝五臟，非佛罔知，豈是爾等做得出也。且夫由之塑神者，必安五臟，穿七孔，何也，爲求其靈而應也，庶幾祈福得福，祈免禍得免禍也。此由人塑神，事神之本意也。若我與諸佛菩薩則不然，若我以諸佛菩薩爲心，則吾心靈，衆僧若以諸佛菩薩爲心，則衆僧心靈借佛菩薩像，以時時考驗自己心靈不靈而已。靈則生，不靈則死，是佛菩薩之腹臟常在吾也。處士又曰：某日開光，須用活雞一隻，刺血點目睛。和尚曰：我這裏佛自解放光，不似世上一等魍魎匠、魑魅僧，巧立名色，誆人錢財也。爾且去罷，心粧出，令一切人見之，無不生渴仰心，頓捨深重恩愛苦海，立地欲求安樂解脫大光明彼岸，即爾塑事畢矣，我願亦畢矣。無多言，再無多言。故至今未安五臟，未開光。然雖未開光，而佛光重重照耀，衆僧見之，無不渴仰。至五月五日，和尚閒步廊下、見粧嚴諸佛菩薩及韋馱尊者像、嘆曰、只這一塊泥巴、塑佛成佛、塑菩薩成菩薩、塑尊者成尊者、欲威則威、欲慈則慈、種種變化、成就俱可、孰知人爲萬物之靈、反不如一泥巴土塊乎、任爾千言萬語、千勸萬諭、非聾卽啞、不聽之矣、果然哉人之不如一土木也、懷林時侍和尚、請曰、和尚以人爲土、人聞之必怒、以土比人、人聞之必以爲太過、今乃反以人爲不如土木、則其以和尚爲胡說亂道、又當何如也、然其實眞不如也、非太過之論也、旣得和尚嘗嘆人之不如狗矣謂狗終身不肯背主人也又讀孫堅義馬傳曾嘆人之不如馬矣以馬猶知報恩而人則反面無情不可信也今又謂人更土木之不如則凡有情之禽獸無情之土木皆在人上者然則天亦何故而生人乎噫此非爾所知也人之下者禽獸土木不若固也人之上者且將咸若禽獸生長艸木又豈禽獸艸木可得同乎我爲下下人說不爲上上人說

林復請曰上上下亦何常之有記得六祖大師有云下下人有上上智有上智則雖下亦上上上人有沒意

智，沒意智，則雖上亦下，上下之位固無定也。噫！以此觀之，人決不可以不慎矣。一不慎，即至此極，顛倒上下，易位我與。子從今日始，可不時時警惕乎？沙彌懷林記

○代深有告文　時深有遊方在外

龍潭湖芝佛院奉佛弟子深有，謹以是年月日，禮拜梁皇經懺，以祈赦過宥愆事。念本院諸僧雖居山林，曠野而將就度日，不免懶散苟延，心雖不敢以遂非，性或偏護而舐犢。夫出家修行者，必日乾而夕惕，庶

檀越修供者俱歷福而有功早夜思惟實成虛度從此心凜凜不敢有犯而衆念紛紛能無罔知但一毫放過即罪同丘山況萬端起滅便禍在旦夕乎深有筞爲此率其徒若孫敬告慈嚴慈以儆衆生之愚願存小過而不錄嚴以待後日之謹姑准自改而停威則萬曆二十一年十月以前已蒙湔刷而從令二十一年十月以後不敢有違矣

○又告

切以誦經者所以明心見性禮懺者所以革舊鼎新

此僧家遵行久矣皆以歲之冬十月十五日始以次
年春正月十五日終自有芝佛院以來龍潭僧到今
不知凡幾誦而凡幾懺矣而心地竟不明罪過竟不
免何哉今卓吾和尚爲塔屋於茲院之山以爲他季
歸成之所又欲安期動衆禮懺誦經以爲非痛加懺
悔則誦念爲虛文非專精念誦則禮懺爲徒說故此
兩事僧所兼修則此會期僧家常事也著以兩者目
爲希奇則是常儀翻成曠典如何可責以寡過省愆
之道望以明心見性之理乎謂宜於每歲十月遍以

爲常否則每一期會必先起念先起念已然後舉事既舉事已然後募化既募化已然後成就如此聚卒謂之曠典不亦宜乎從今以後不如先期募化有緣菩薩隨其多寡以爲資糧但得二時無饑即可百日聚首於是有僧常覺慨然任之不辭酷烈之暑時遊有道之門不憚跋涉之勤日履上聖之室升合不問隨其願力無不頓發菩提妙心擔荷而來因其齋糧可使隨獲菩提妙果誦經者明心而施主以安坐自收善報禮佛者懺罪而施主以粒米遂廣福田不唯

衆僧不致虛度雖衆施主亦免唐捐常覺之功不既溥乎但如此歲歲年年則衆僧有福施主有福常覺亦有福恐以我為妄語故告佛使明知之

○禮誦藥師告文

余兩年來病苦甚多通計人生大數如我之年已是死期既是死期便與以死乃為正理如何不賜我死反賜我病乎夫所以賜之病苦者謂其數未至死尚欲留之在世故假病以苦之使之不得過于自在快活也若我則該死之人壽至古稀一可死也無益于

世二可死也，凡人在世，或有未了業緣，如我則絶無
可了，三可死也。有此三可死，乃不即我死而更苦我
病，何也？聞東方有藥師瑠璃光王佛，發大弘願，拯拔
病苦衆生，使之疾病涅槃。卓吾和尚於是告大衆，
趁此一百二十日期會諷經拜懺，道場就此十月十
五日起，先諷藥師經一部、四十九卷，爲我祈求免病
想佛願弘深，決不虛妄也。夫以佛願力，而我不求，是
我罪也；求佛而佛不理，是不慈也；求佛而佛或未必
知，是不聽也，非佛也。吾知其決無是事也。願大衆爲

我誠心念誦每月以朔望日念此經、其九朔望、念經九部、嗚呼、誦經至九部、不可謂、不多矣、大衆之殷勤不可謂不虔矣、如是而不應焉、未之有也、但可必不可病若、口下寧、至三再三、願佛、聽之

○移住上院邊廈告文

龍湖芝佛院佛殿之後、因山蓋塔以爲卓吾藏骨之室、蓋是屋時、卓吾和尚往湖廣、會城、居士楊定見、及常住僧常中常通等告神、爲之逮、和尚歸、又告神添蓋兩廂及前廊邊兩廈、艸艸成屋、可居矣、和尚但念

力出衆人成此大屋寔然居之不特心神不安面貌亘有厚顔也屋成遂題扁懸其額曰阿彌陀佛殿中塑西方接引佛一尊高一丈二尺以爲院僧三時念佛瞻像皈依之地南向廂房三間塑普陀懸崖坐觀世音菩薩於崖石波濤之上以顯急若難大慈悲之力使衆僧有所依怙不生怖畏前廊五間中間塑韋馱尊者金像一軀連座高九尺專賴其擁護僧衆使精勤者獲利益怠昏者用一杵故扁其額曰護法尊者之殿而觀音則直書南無觀世音菩薩七字而

已、殿之東西、供養達磨伽藍二像、門樓北上、其神在上南向、則爲執金剛神尊聽護法尊者主使、有此種種慈悲威嚴佛菩薩眞容、則和尚借佛背後半間丈室以藏骨、心亦安矣、今尚未塑佛、未敢入居正室、且亦未敢謝土、何也、土木之功未得止、則動土之事尚有勞也、但欲擇日入居邊廈、不得不告、

○禮誦藥師經畢告文

和尚爲幸免病魔、結經謝佛事、念今日是正月十五之望、出九朔望、至今日是爲已足九、九部經、於今、用是

爲已完誦經方至兩部我喘病即減九分再誦未及四部我忍口便能齋素齋素既久喘病愈痊喘病既痊齋素益喜此非佛力我安能然雖諷經衆僧虔恪無比實藥王菩薩憐憫重深和尚不勝禮謝禱告之至和尚再告有小僧常通見藥師如來即愈我疾亦便發心隨壇接諷祈瘡口之速合乃肅躬而致虔以此月十六之朝請大衆諷經一部嗚呼佛乃三界之大父豈以僧無可取而遂棄之況我實諸佛之的嗣又豈忍不以我故而不理也今此僧雖非克肖在僧

中，亦無大衍。恐鍾磬齊臻，鼓鉢動響，經聲昭徹，佛力隨施，兩年未愈之瘡，藥王一旦加被，何幸如之。爲此代懇，不勝瞻依。

○代常通病僧告文

龍湖僧常通爲因病瘡苦惱，禮拜水懺，祈佛慈悲事。重念常通自從出家，即依三寶，叵耐兩年以來，痰瘤作祟，瘡疼久纏，醫藥徒施，歲月靡效。咸謂必有寃業，恐非肉眼能醫，倘求一時解除，須對法王懺悔。第顧微末，可以上達於彼蒼，從出至誠，未必降臨於下地歷觀前刦想不能如悟達師之戒律精勤垂十世以爲高僧俯念微軀又不如歌利王之割截身體節節支解而無嗔恨舉足下足罔非愆尤日增月增無可比喻因忍痛以追思或明知而故犯彼已往其奈之何恐將來當墮無間所賴衆弟兄等同心一意頓興炎艾分痛之眞情因病生憐遂起借花獻佛之妄念以是吉日禮拜懺文仗諸佛爲證明一懺更不再懺對大衆而發誓此身即非舊身若已滅罪而更生何異禽獸倘再悔罪而復懺甘受誅夷伏願大慈大

悲，曲加湔刷，大雄大力，直爲洗除，法水暗消，瘡口自合，此蓋佛菩薩憫念保持之恩，與衆弟兄殷懃禮拜之致也

○安期告衆文

一常住中，所有事務，皆是道場，所作不苟，盡屬修行，唯愚人不信，不肖者苟且，須賴師長敎督之耳，今師不知敎督，其徒又不畏慎，則所有事務，令誰爲之，必至于廢弛荒散而已，尚賴一二徒子徒孫之賢者，自相協力，故能胡僧院得以維持到今，然中間不無餘

惰成性、必待呼喚而後作者、或恃頑不理、雖呼喚之而亦不爲者、未免有三等僧衆在内、則雖欲不荒散終不可得矣、夫此間僧衆、約有四十餘人、各人又受徒子徒子又收徒孫、日益月增、漸久遂成大叢林、而皆相看不肎作務、則雖有一二賢者、其奈之何、況今正當一百二十日長期、大衆雲集、十方檀越、四海龍象、其來瞻禮者乎、爲此將本院僧衆、分爲三等、開列于後、庶勤惰昭然、務化惰爲勤、以成善事、報施主之德助、師長之化、結將來之果、咸在於茲矣、勤者、龍象也、懶者、無志也、若安坐而食十方之食、雖呼喚亦不作者、無耻也、皆賴賢師長委曲勸誘之、故有師長、則責師長、若師長亦無之奈何、則責韋馱尊者、尊者輕則一杵、重則三杵畢矣、尊者勿謂我太嚴也、唯佛至細至嚴、所以謂之大慈大悲、故經曰楞嚴、又曰華嚴、嚴者、所以成悲也、爾韋馱又不可不知也、勿太酸澀、佛法不是腐爛之物、第一等勤行僧有八、此八衆余所親見者、其常川作務、不避寒暑勞苦極矣、第二等衆、懶僧衆三名、第三等奸頑僧衆一名、此二等三等之衆據我目見如此耳、若懶而能勤、頑而能順、即爲賢僧矣、但常住徒有人食飯、無人作務、且人數雖多、皆非是作重務之人、則此十餘衆者、可不加勤哉、努力向前、毋受尊者之杵可也、

〇〇〇告土地文

自庚寅動工以來、無日不動爾土、無歲不勞爾神、唯爾有神、凡百有相、遂使羣工竭力、衆僧盡心、以致佛殿告成、塔屋亦就、目今趺坐直上、則西方阿彌陀佛一軀也、金碧輝煌、宛有大人貴相矣、瞻仰而來者、能

無頓與念佛念法之心乎。卓立在前，則護法韋馱尊者威容也。金甲耀光，已手降魔寶杵矣。專修淨業者能無更堅不懈不退之志乎？又況觀音勢至咸唱導於吾前，更有文殊普賢同啓迪于吾後。懸崖千丈，友羅漢直抵上方；少室無餘，面達磨猶在東壁。誰無緩急，大士即是救苦天尊；孰識平生，雲長尤是護法伽藍。黑海有門，唯法無門，現普陀於眼底；上天有路，唯道無路，覩靈山在目中。十界同虛，判念便分龍虎；六總寂靜，一棒打殺猢猻。從茲繼繼繩繩，咸願師師濟濟務同一念莫有二心則卓吾之廬即是極樂淨土龍湖上院徧是華嚴道場矣此雖仗佛之賜實亦爾相之能故特塑爾之神使與司命並列虔恭致齋不酒不肉殷勤設素匪葷匪腥唯茶果是陳只蔬飯以供名香必爇願與司命齊意好花用獻當聽章奏指麾有惡則書見過速錄細微畢舉毋曰我供汝也而有阿私小大同登毋曰衆汝敬也而有偏黨幽明協贊人神同欽則爾土有力帝將加升長守此湖永相依附矣

○告佛約束偈

龍湖芝佛上院，從新創立道場。上殿阿彌陀佛，下殿韋馱尊者，特地接引衆生，不是等閒作伴。觀音、文殊、普賢，悲智行願交參，從今皈依得地，皆賴信女善男。韋馱尊者何爲？寶杵當頭立斷，毫髮分明可畏，尤勿容易等閒。爲此與衆約束，不緊不嚴不慢，四時不須廻避，黎明報鐘方好，清晨金剛一卷，春夏秋冬一樣。二鼓念佛一千，冬春二時爲然，休夏依時自恣，不是做古模賢，但記誦經念佛。緊閉門戶，莫忽恐惹閑人

雜沓、致使誦念間歇、早晨報鐘甫畢、便入諸殿上香、
上香必須鳴磬、磬動知是行香、失磬定是失香、面佛
罰跪半晌、大衆聞鐘齊起、急忙整頓衣裳、嗽洗諸事
俗訖、沙彌如前撞鐘、首衆即便領衆、以次合掌致恭、
前後不得參差、先行拜禮韋䭾、然後觀音上殿、虔恭
禮拜一徧、上殿鋪設經卷、高聲跪誦金剛、誦罷齋畢、
何爲依舊諷讀法華、每歲三冬無事、日日華嚴一卷、
不許安朋抄化、擾害菩薩善良、但得二時粥飯、便當
喫緊思量、如果粥飲不繼、沿門持鉢可也、但知聽其

自至便知爲僧便宜、爲僧不須、富貴、富貴不須爲僧、爲僧爲巳生死人死於巳何與何必哀死男喪替人慶生喜旺、無故遨遊街市、及自上門上戶不許赴請誦經、不許包攬經誦不許諷誦玉經、公奪道人衣鉢、不許私習應付侵占萬壽僧飯、不許放債生利、不許買賤賣貴、一切富貴心腸、盡付龍湖流水、須知回頭無多、縱使忍饑不久、不聞衣祿分定、非人智力能求何況一身一口何必過計私憂自謂是佛弟子、却學市井下流、自謂禪僧無比、獨坐高貴上頭猶然媿媿

狗狗無人替代爾羞我勸諸人莫錯怏急念佛修西方

但移此心念佛便是清涼極樂

〇〇〇二十分識

有二十分見識便能成就得十分才蓋有此見識則雖只有五六分才料便成十分矣有二十分見識便能使發得十分膽蓋識見既大雖只有四五分膽亦成十分去矣是才與膽皆因識見而後充者也空有其才而無其膽則有所怯而不敢空有其膽而無其才則不過冥行妄作之人耳蓋才膽實由識而濟故

天下唯識爲難，有其識，則雖四五分才與膽，皆可建立而成事也。然天下又有因才而生膽者，有因膽而發才者，又未可以一槩也。然則識也，才也，膽也，非但學道爲然，舉凡出世處世，治國治家，以至於平治天下，總不能舍此矣。故曰：智者不惑，仁者不憂，勇者不懼。智即識，仁即才，勇即膽。蜀之譙周，以識勝者也。姜伯約以膽勝，而無識，故事不成而身殺。費禕以才勝，而識次之，故事亦未成而身死。此可以觀英傑作用之大略矣。三者俱全，學道則有三教大聖人在，經世則有呂尚管夷吾張子房在空山岑寂長夜無聲偶論及此亦一快也懷林在旁起而問曰和尚於此三者何缺予謂我有五分膽三分才二十分識故處世僅僅得免於禍若在參禪學道之輩我有二十分膽十分才五分識不敢比於釋迦老子明矣若出詞為經落筆驚人我有二十分識二十分才二十分膽嗚呼足矣我安得不快乎雖無可語者而林能以是為問亦是空谷足音也安得而不快也

○○因記往事

向在黄安時，吴少虞大頭巾曾戲予曰：「公可識林道乾否？」蓋道乾居閩廣之間，故凡戲閩人者，必曰林道乾云。予謂爾此言是駡我耶，是贊我耶？若説是贊，則彼爲巨盜，我爲清官，我知爾這大頭巾決不會如此稱贊人矣。若説是駡，則予是何人，敢望道乾之萬一乎？夫道乾横行海上，三十餘年矣。自浙江南直隸以及廣東福建數省近海之處，皆號稱財賦之産，人物奥區者，連年遭其荼毒，攻城陷邑，殺戮官吏，朝廷爲之旰食，除正刑都總統諸文武大吏外，其發遣囚繫遠至道路而死者又不知其幾也而林道乾固橫行自若也今幸　聖明在上刑罰得中倭夷遠遁民人安枕然林道乾猶然無恙如故矣稱王稱霸衆願歸之不肎背離其才識過人膽氣壓乎羣類不言可知也設使以林道乾當郡守二千石之任則雖海上再出一林道乾亦決不敢肆設以李卓老權替海上之林道乾吾知此爲郡守林道乾者可不數日而即擒殺李卓老不用損一兵費一矢爲也又使卓老爲郡守時正當林道乾橫行無當之日國家能保卓老決

能以計誅擒林道乾，以掃清海上數十年之逋寇乎？此皆事之可見者，何可不自量也。嗟乎！平居無事，只解打恭作揖，終日匡坐，同於泥塑，以為雜念不起，便是真實大聖大賢人矣。其稍學姦詐者，又攙入良知講席，以陰博高官，一旦有警，則面面相覷，絕無人色，甚至互相推委，以為能明哲。蓋因國家專用此等輩，故臨時無人可用。又棄置此等輩有才有膽有識之者而不錄，又從而彌縫禁錮之，以為必亂天下，則雖欲不作賊，其勢自不可爾。設國家能用之為郡守令尹，又何止足當勝兵三十萬人已邪，又設用之爲虎臣武將，則閫外之事可得專之，朝廷自然無四顧之憂矣。唯舉世顛倒，故使豪傑抱不平之恨，英雄懷罔措之戚，直驅之使爲盜也。余方以爲痛恨，而大頭巾乃以爲戲言；方以爲慚愧，而大頭巾乃以爲譏。天下何時太平乎？故因論及才識膽，遂復記憶前十餘季之語。吁！必如林道乾，乃可謂有二十分才、二十分膽者也。某曰：如此則林道乾無識乎？無識安能運才膽而決勝也。夫古之有見識者，世不我知，時不我容，故或隱身於陶釣，或混跡於屠沽，不則深山曠野絶人逃世而已，安有以身試不測之淵也。縱多能足以集事，然驚怕亦不少矣。吾謂當此時正好學出世法，直與諸佛諸祖同遊戲也。雖然，彼亦直以是爲戲焉耳，以彼識見視世間一切太頭巾人（是眞），舉無足以當於懷者，蓋逆料其必不能如我何也，則謂之曰二十分識亦可也。

○四海

丘汝莊謂自南越入中國始有[illegible]海，而西海竟不知所在。余謂禹貢言聲教訖於四海者。亦只是據見在經歷統理之地。而紀其四至耳。所云四海。卽四方也。故又曰四方風動。則可見矣。豈眞有東西南北之海。如今南越之海。的然可覩者哉。今據見在四方論之。四川。天下之正西也。雲南則天下之西南。陜西則天下之西北。一正西。一西北。一西南。皆不見有海也。由陜西而山西。據大勢則山西似直正北之域矣。而正北亦無海也。唯今薊遼。鄰山東。始有海。從此則山東爲東方之海。山東抵淮揚蘇松。以至錢塘。寧紹等處始爲正東之海。東甌至福建，則古閩越地也，稍可稱東南海矣。廣東卽南越地，今其治爲南海郡，盡以爲正南之海矣。不知閩廣壤接，亦僅可謂之東南海耳。由此觀之，正西無海也，正北無海也，正南無海也，西北西南以至東北皆無海，則僅僅正東與東南角一帶海耳。又豈但不知西海所在邪，且今天下之水皆從西出，西水莫大於江漢，江有四，有從岷來者，有從沱來者，有從黑白二水來者；漢有二，有從嶓冢來者，有從西和徼外來者，此皆川中之水，今之所指以謂正西、是也、水又莫大於黃河、黃河經過崑崙、崑崙乃西蕃地、是亦西也、雖雲南之地、今皆指以爲西南、然雲南之水、盡流從川中出、則其地高於川中可知矣、高者、水之所瀉、流之所始、而東南一海咸受之、則海決在下流之處、雲南四川山陝等、去海甚遠、皆可知也、雲南川陝之外、其地更高、又可知也、不然何以不順流而西往彼西海、而乃迤邐逶迤盡向東南行邪、則知以四川爲正西者、亦就四方之勢槩言之耳、今雲南三宣府之外、有過澤闊機大布、道自海上來者、此布我閩中常得之則雲南旋遶而東又與福建同海則雲南只可謂之東南而不得謂之西南又可知矣吾以是觀之正南之地尚未載之輿圖況西南耶故余謂據今人所歷之地勢而論之尚少正南與西南正西與西北正北與北東諸處者以不見有海故卜之也以天下三大水皆從川中出卜之而知其難以復尋西海於今之世也西海既不可尋則又何名何從而祀海也然則丘文莊欲祀北海於京之東北楊升菴欲祀西海於滇之西南皆無義矣其誰享之

嗚呼觀於四海之說而後知世人之所見者小也況四海之外哉

○○○八物

嘗謂君子無怨唯小人有之君子有德必報德而小人無之夫君子非無怨也不報怨也非不報怨也以直報怨也苟其人可惡而可去則報之以可惡可去之道焉苟其人可好而可用則報之以可好可用之道焉其惡而去之也好而用之也直也合天下之公是也其或天下不知惡而去之好而用之也而君子

亦必去之必用之是亦直也合天下之公理也夫是之謂以直既謂之直則雖無怨於我者亦必如是報之矣則雖謂聖人未嘗報怨焉亦可也若曰以德報怨則有心矣作僞矣聖人不爲也至於人之有德於我者則志在必報雖以聖人爲有心爲私厚不計矣何也聖人義重者也義重故可以託孤而況託知己之孤乎義重故可以寄命而況寄有德之命乎故曰以德報德唯其人有必報之德此世道所以攸賴國家所以有託綱常所以不墜人倫所以不滅也若小

人非不報德也，可報則報，不可報則亦已，而勿報，顧他日所值何如耳。苟禍患及身，則百計推托，逃避無影矣。雖有德，將安知乎？唯有報怨一念，則終始不替。然苟勢盛於我，財多於我，我又可藉之以行立，則怨反爲德，又其常也。蓋十百千萬，咸如斯也。此君子小人界限之所以判也。故觀君子小人者，唯觀其報怨報德之間而已。故余嘗以此定古今君子小人，而時時對人言之，不省也。除此之外，君子小人有何分別乎？吾見在小人者，更爲伶俐而可用也。或曰：先生既如此說矣何先生之待小人也過嚴而惡惡執怨也反過甚乎予曰不然我之惡惡雖嚴然非實察其心術之微則不敢有惡也縱已惡其人苟其人或又出半言之善焉或又有片行之當焉則我之舊怨盡除而親愛又隨之矣若其人果賢則初未嘗不稱道其賢而欲其亟用之也何也天之生才實難故我心唯恐其才之不得用也曷以怨也是以人雖怨我而欲害我報我者終少則以我心之直故也或曰先生之愛才誠然矣然其始也取人太廣愛人太驟其既也

并人太急而終之收錄人也亦太狹曷不論定而後
賞勿以始廣而終狹乎吁不然也夫人實難知故吾
不敢以其疑似而遂忽之是故則見以爲廣而眞才
難得故吾又不敢以疑似而遂信之是故則見以爲
狹耳若其入眼即得無復疑似則終身不忒始丘長
孺周友山梅衡湘者固一見而遂定終身之交不待
再試也如楊定見如劉近城非至今相隨不舍吾猶
未敢信也直至今日患難如一利害如一毀謗如一
然後知其終不肯畔我以去夫如是則予之廣取也

固宜。設乎不廣取，令日又安得有此二士乎？夫近城篤實人也，自不容以有二心；楊定見有氣人也，故眼中亦常常不可一世之士。夫此二人皆麻城人也。友山，麻城人，而麻城人不知之也；衡湘，麻城人，而麻城人不知之也。若丘長孺之在麻城，則麻城諸俗惡輩直視之爲敗家之子矣。吾謂周友山則世之所稱布帛菽粟是也，其不知也宜也；梅衡湘則古今所稱伯樂之千里馬、王武子之八百駿是也，其不知也亦宜也。若丘長孺雖無益於世，然不可不謂之麒麟鳳凰

瑞蘭芝草也撒長孺之爲人非但父母兄弟靠不得
雖至痛之妻兒亦靠他不得也非但妻兒靠不得雖
自己之身亦終靠他不得其爲無用極矣然其人固
上帝之所篤生未易材者也觀其不可得而親疎敬
慢也是豈尋常等倫可比邪故予每以麟鳳芝蘭擬
之非過也若楊定見二子者譬則樓臺殿閣未易動
搖有足貴者且高明之家吉人之都是非好惡又自
明白或曰公之知梅衡湘似矣然人之所以不知者
以其權智太審也夫人而專任權智則可以生人亦

可以殺人如江淮河海之水然矣予謂衡湘雖大樣然心實細謹非曹孟德等比也必如曹孟德等方可稱之爲江淮河海之水如之何而遂遽以譽衡湘也哉嗚呼此數公者我固知之而數公固各不相知也非有日月星辰洞然皎然如郭林宗許子將司馬德操者出安能兼收而並用之邪或曰如先生言必如此數者然後可以用於世邪曰不然也此其可大用者也最難得者也未易多有者也子但見麻城一時有此數人便以爲易易矣不知我費了多少心力方

得此數人乎、若其他則在在皆有、時時可用、自不待費力以求之矣、猶之鳥獸艸木之生、周遍大地、任人選取也、予既與諸侍者、夜談至此、次日偶讀升菴鳳賦、遂感而論之曰、書稱麟鳳、稱其出類也、夫麟鳳之希奇、實出鳥獸之類、亦猶芝草之秀異、實出草木之類也、雖曰希奇秀異、然亦何益於人世哉、意者天地之間、本自有一種無益於世而可貴者、如世之所稱古董是邪、今觀古董之為物、於世何益也、夫聖賢之生、小大不同、未有無益於世者、苟有益、則雖服庸之

牛司晨之雞、以至一草一木、皆可珍也、故曰鳳賦爾

推廣之列爲八物、而鳥獸草木與焉、吁、八物具、而古今人物盡於是矣、八物伊何、曰鳥獸草木、曰樓臺殿閣、曰芝草瑞蘭、曰杉松栝柏、曰布帛菽粟、曰千里八百、曰江淮河海、曰日月星辰、

夫鳥獸草木之類、夥矣、然無有一羽毛一草木而不堪人世之用者、既已堪用矣、則隨所取擇、總無弃物也、是一物也

夫宮寺樓閣、山舍茅廬、基址一也、而高低異、本植一、

也而小大異居處一也而廣狹異同是鄉人而鄉不如則以宮室業產之良矣譬之於鳥則賓鴻於獸則獵犬於草則國老於木則從繩同於鳥獸草木而又不同於鳥獸草木則以其爲鳥獸草木本類之獨著耳是一物也

夫芝草非常瑞蘭馨香小人所棄君子所喜設於垂無君子亦已譬之玩物過目則已何取於溫譬之好音過耳則已何取於飽然雖無取於溫飽而不可不謂之希奇也是一物也

夫青松翠柏在在常有經歷歲時棟梁遂就噫安可以其常有而忽之與果木鬪春則花不如與果木鬪秋則實不如吁安可以其不如而易之盖有淸節之士可以傲霜雪而不可以任棟梁者如盖之萬季青草何其滔滔也吁又安可以其滔滔而擬之此海剛峰之徒也是亦一物也

夫智者好奇以布帛菽粟爲不足珍賢者好異以布帛菽粟爲無異於人唯大智大賢反是故以其易飽易煖者自過吾之身又以其同飽同煖者同過人之

日所謂易簡而得理無爲而成化非若人之徒歟眞若人之徒也是亦一物也

夫馬牛麟鳳俗眼視之相去故甚遠也然千里之駒一日而致八百之牛一日而程麟乎鳳乎雖至奇且異亦奚以異爲也士之任重致遠者大率類此而世無伯樂秪謂之馬牛而不知其能千里也眞可慨也是又一物也

夫能生人又能殺人能貧人又能富人江淮河海是也利者十五而害者亦十五利害相半而趨者不倦

今世用人者知其害而不察其利是欲堙塞天下之
江河而不用之也宋王介甫欲決梁山泊以爲良田
而思無置水之處劉貢父大聲叫曰　一梁山泊
則可置此水矣然則今日江淮河海之士既以有害
而不用矣將安所置之哉是亦一物也今未見其人
也

夫智如日月皎若辰星照見大地物物賦成布帛菽
粟者決不責以霜杉雪柏之操八百千里者決不索
以異香奇卉之呈名川巨浸時或洸瀁崩衝長江大

河實藉其舟楫輸灌高樓涼殿巍然煥然誰不欲也
獨不有鳥獸魚鼈與之咸若山川草木亦令多識乎
器使之下可使無不獲之夫則知日月星辰灼然兼
照眞可貴矣此一物者實用八物要當以此物爲最
也今亦未見其人也嗚呼此八物湯也以爲藥則氣
血兼補皆有益於身以救世則百工效用皆有益於
治用人者其尚知此八物哉毋曰彼有怨於我也彼
無德於我也雖有千金不傳之秘長生不老之方吾
只知娟嫉以惡之而唯恐其勝已也已吁觀於八物

之說而後知由之用人者狹也，況加以娼嫉之人歟。

○○○五死篇

人有五死，唯是程嬰、公孫杵臼之死，紀信、欒布之死，聶政之死，屈平之死，乃爲天下第一等好死。其次臨陣而死，其次不屈而死。臨陣而死，勇也，未免有不量敵之進，同乎季路。不屈而死，義也，未免有制於人之恨，同乎睢陽。雖曰死之其實，亦皆烈丈夫之死也，非凡流也。又其次則爲盡忠被讒而死，如楚之伍子胥、漢之鼂錯是矣。是爲不知其君，其名曰不智。又其次則爲功成名遂而死如秦之商君楚之吳起、越之大夫種是矣是爲不知止足其名亦曰不智、雖又次於前兩者然既忠於君矣雖死有榮也既成天下之大功矣、立萬世之榮名矣雖死何傷乎、故智者欲審處死不可不選擇於五者之間也、縱有優劣均爲善死若夫臥病房榻之間、徘徊妻孥之側滔滔者天下皆是也此庸夫俗子之所習慣非死所矣豈丈夫之所甘死乎、雖然猶勝於、臨終扶病歌詩、杖策辭別、自以謂不怖死無顧戀者蓋在世俗觀之、未免誇之爲美

談呼之爲考終然其好名說謊反不如庸夫俗子之
爲順受其正自然而死也等死於牖下耳何以見其
節又何以見其烈而徒務此虚聲爲耶丈夫之生原
非無故而生則其死也又豈容無故而死乎其生也
有由則其死也必有所爲未有今今寂寂臥病牀褥
間扶柩推輦埋於北邙之下然後爲得所死矣蒼梧
殯虞會稽尸夏聖帝明王亦必由之何況人士歟第
余老矣欲如以前五者又不可得矣夫如此而死既
已不可得如彼而死又非英雄漢子之所爲然則將

何以死乎計唯有做些小買賣耳大買賣如公孫杵臼聶政者既不見買王來到則豈可徒死而死於床褥之間乎且我已離鄉井捐童僕直來求買主於此矣此間既無知已無知已又何死也大買賣我知其做不成也英雄漢子無所洩怒既無知已可死吾將死於不知已者以洩怒也謹書此以告諸貌稱相知者聞死來覩我切勿收我屍是囑

傷逝

生之必有死也猶晝之必有夜也死之不可復生猶

逝之不可復返也。人莫不欲生，然卒不能使之久生；人莫不傷逝，然卒不能止之使勿逝。既不能使之久生，則生可以不欲矣；既不能使之勿逝，則逝可以無傷矣。故吾直謂死不必傷，唯有生乃可傷耳。勿傷逝，願傷生也。

## ○戒衆僧

佛說波羅蜜，波羅蜜有六，而持戒其一也。佛說戒、定、慧，戒、定、慧有三，而戒行其先也。戒之一字，誠未易言。戒生定，定生慧，慧復生戒。非慧離戒，慧出於戒；非慧滅戒然則定慧者成佛之因戒者又定慧之因我釋迦老子未成佛之先前後苦行一十二年其戒也如此汝大衆所知也我釋迦老子既成佛之後前後說法四十九年其戒也如此亦汝大衆所知也若謂佛是戒空成是佛縛既已得道成佛不妨毀律破戒則舍精舍歸王宮有何不可而仍衣破衲重持鉢何爲者哉須知父母乳哺之恩難報必須精進以報之所謂一子成道九族生天非妄言也十方顆粒之施難消必須精進以消之所謂披毛戴角酬還信施豈誑

語邪、然則戒之一字、衆妙之門、破戒一言、衆禍之本、戒之一字、如臨三軍、須臾不戒、喪敗而奔、戒之一字、如履深谷、須臾不戒、失足而殞、故知三千威儀、重於山岳、八萬細行、密如牛毛、非是多事、強爲於法、不得不爾故也、毋曰莫予覯也、便可閒居而縱恣、一時不戒、人便已知、正目而視者、非但一目、十目叢千億目共視之矣、毋曰莫予指也、便可掩耳而偷鈴、一念不戒、鬼將誅之、旁觀而嗔者、非但一手、十手叢千億手共指之矣、嚴而又嚴、戒之又戒、自今以往、作如是觀、坐受齋供如吞熱鐵之丸若不膽顫心寒與大家共何異行覓戒珠如入清涼之閣若復魂飛魄散等乞丐以何殊如此用心始稱衲子如水行舟風浪便覆如車行地欹斜即敗風浪誰作覆沒自當欹斜誰為顛仆自受凡我大衆其慎之哉除季長久參者無容贅示間有新到比丘未知慚愧不得不更與申明之耳凡此大衆幸各策厲庶稱芝佛道場猛著精神共成龍潭勝會可矣

## 六度解

我所喜者學道之人汝肯向道吾又何說道從六度入六度之中持戒禪定其一也戒如田地有田地方有根基可以爲屋種田然須忍辱忍辱者謙下以自持虚心以受善不敢以貢高爲也如有田地須時時澆糞灌水方得有秋之穫不然雖有田地何益精進則進此持戒忍辱兩者而已此兩者日進不已則自然得入禪定眞法門矣既禪定不愁不生智慧而得解脫也故知布施持戒忍辱眞禪定之本而禪定又爲智慧解脫之本六者始終不舍如濟渡然故曰六

度此六度也總以解脫為究竟然必須持戒忍辱
入禪定而後解脫可得及其得解脫也又豈盡廢持
戒忍辱而別有解脫哉依舊即是前此禪定之人耳
如離禪定而說解脫非唯不知禪定而亦不知解脫
矣以此見生死事大決非淺薄輕浮之人所能造詣
攜試看他靈山等會四十九年猶加一日持戒忍辱
常如一季今去遠教衰後生小子拾得一言半句便
自猖狂不敬十方不禮晚末說道何佛可成此與無
為教何異乎非吾類也

觀音問

○答濟然師

昨來書謂觀世音大士發大弘願，我亦欲如是發願，願得如大士圓通無障礙。聞庵僧欲塑大士像，我願爲之，以致皈依，秖望卓公爲我作記也。余時作筆走答云：觀音大士發大弘願，似矣，但大士之願，慈悲爲主，以救苦救難爲悲，以接引念佛衆生皈依西方佛爲慈。彼一切圓通無障礙，則佛佛皆然，不獨觀音大士也。彼塑像，直布施功德耳，何必問余，或可或否。我不敢與于時作答之語如此然尚未明成佛發願事故復言之益言成佛者佛本自成若言成佛已是不中理之談矣況欲發願以成之哉成佛者無佛可成之佛此千佛萬佛之所同也發願者發佛佛各所欲為之願此千佛萬佛之所不能同也故有佛而後有願佛同而願各異是謂同中有異也發願盡出于佛故願異而佛本同是謂異中有同也然則謂願由于佛可也而謂欲發願以成佛可乎是豈中理之談哉雖然此亦未易言也大乘聖人尚欲留惑潤生發

願度人況新發意菩薩哉然大乘菩薩實不及新發意菩薩大願衆生實不及大心衆生觀之龍女善財可見矣故單言菩薩則雖上乘猶不免借願力以爲重何者見諦未圓而信心未化也唯有佛菩薩如觀音大勢至文殊普賢等始爲諸佛發願矣故有釋迦佛則必有文殊普賢釋迦爲佛而文殊普賢爲願也有阿彌陀佛則必有觀音勢至彌陀是佛而觀音勢至是願也此爲佛願我願澹師似之

○又

佛之心法，盡載之經，經中一字透不得，卽是自家生死透不得，唯不識字者無可奈何耳。若謂經不必讀，則是經亦不必留，佛亦不用有經矣。昔人謂讀經有三益：有起發之益，有開悟之益，又有印證之益，其益如此，曷可不讀也！世人忙忙不暇讀，愚人懵懵不能讀，今幸生此閒身，得得爲世閒讀經之人，而不肯讀，比前二輩反在其後矣。快刻期定志，立限讀之，務俾此身眞實可以死乃得。

○又

蟲人貪生怕死營營狗狗無所不至若見此僧靜坐烈焰之中無一毫恐怖或遂頓生念佛念法之想未可知也其有益于塵蟲之人甚大若欲湖僧為之津送則不可蓋凡津送亡僧者皆緣亡者神識飛揚莫知去向故藉平時持戒僧衆誦念經咒以助之今此火化之僧必是了然自知去向者又何用湖僧為之津送耶且湖上僧雖能守戒行然其貪生怕死遠出亡僧之下有何力量可以資送此僧若我則又貪生怕死之尤者雖死後猶怕焚化故特地為塔屋于龍

湖之上敢以未死之身自入于紅爐乎其不如此僧已甚遠自信明因向往俱切皆因爾澹師倡導火甚大故衆菩薩不覺不知自努力向前也此其火力比今火化之僧又大矣何也火化之僧只能化得自已若澹師則無所不化火化僧縱能化人亦只化得衆人念佛而已若澹師則可以化人立地成佛故其火力自然不同

○○又

學道人大抵要跟脚真耳若始初以怕死爲跟脚則

必以得脫生死離苦海免恐怕爲究竟雖遲速不同決無有不證涅槃到彼岸者若始初只以好名爲跟脚則終其身只成就得一箇虛名而已虛名於我何與也此事在各人自查考別人無能爲也今人縱十分學道亦多不是怕死夫佛以生死爲苦海而今學者反以生死爲極樂是北轅而南其轍去彼岸愈遠矣世間功名富貴之人以生爲樂也不待言也欲學出世之法而唯在于好名名只在于一生而已是亦以生爲樂也非以生爲苦海也苦海有八生其一也

便不得、不學亦不得、學亦不得、又不得、下亦不得、上今卽可以見有生之苦矣、佛爲此故、大生恐怖、試看我輩今日、何曾以此生身爲苦爲患而決求以出離之也、尋常亦會說得此身是苦、其實亦只是一句說話耳、非眞眞見得此身在陷阱坑坎之中不能一朝居者也、試驗之自見、

、、又

聞師又得了道、道、豈時時可得邪、然眞正學者、亦自然如此、楊慈湖先生、謂大悟一十八遍小悟不記其

數故慈湖於宋儒中獨謂第一了手好漢以屢疑而屢悟也學人不疑是謂大病唯其疑而屢破故破疑卽是悟自信菩薩於此事信得及否彼以談詩談佛爲二事不知談詩卽是談佛若悟談詩卽是談佛人卧雖終日談詩何妨我所引白雪陽春之語不過自謙之辭欲以激厲彼俾知非佛不能談詩也而談詩之外亦別無佛可談自信失予之意反以談詩爲不美豈不悞哉歷觀傳燈諸祖其作詩說偈超逸絕塵不可當亦可以談詩病之乎唯本不能詩而強作則

不必若真實能詩，則因談佛而其詩益工者，又何多也，何必以談詩為病也

○○○與澄然

認不得字，勝似認得字，何必認得字也，只要成佛，莫問認得字與否，認得字亦是一尊佛，認不得字亦是一尊佛，當初無認字佛，亦無不認得字佛，無認字佛，何必認字，無不認字佛，何必不認字也，大要只要自家生死切耳，我昨與丘坦之壽詩有云，劬勞雖謝父母恩，扶持自出毌中尊，今人但見得父母生我身，不

知日夜承𠁅尊恩力。葢千生萬劫以來作忘恩背義之人久矣。今幸𠁅尊開我愚頑。頻能發起一念無上菩提之心。欲求見初生爺孃本面。是爲萬幸。當生大慚大愧乃可。故古人親證親聞者。對法師前高叫大哭。非漫然也。千萬劫相失爺孃。一旦得之。雖欲不慟哭不可得矣。慎莫草草作語言戲論。反成大罪過也。𠁅間戲論甚多。惟此事是戲論不得者。

○○○答自信　　絕頂之談

既自信。如何又說放不下。既放不下。如何又說自信

也試問自信者是信箇甚麼放不下者又是放不下
箇甚麼於此最好參取信者自也不信者亦自也放
得下者自也放不得下者亦自也放不下是生放下
是死信不及是死信得及是生信不信放下不放下
總屬生死總屬生死則總屬自也非人能使之不信
不放下又信又放下也於此着實參取便自得之然
自得亦是自來來去去生生死死皆是自可信也矣
來書原無生死四字雖是諸佛現成語然真實是第
一等要緊語也既說原無生死則亦原無自信亦原

無不自信也。原無放下，亦原無不放下也。原無二字甚不可不理會。既說原無，則非人能使之無可知矣；亦非今日方始無，又可知矣。若待今日方始無，則亦不得謂之原無矣；若人能使之無，則亦不得謂之原無矣。原無無二字，總說不通也。故知原無生者，則雖千生總不妨也。何者？雖千生終不能生此原無生也。使原無生而可生，則亦不得謂之原無生矣。故知原無死者，則雖萬死總無礙也。何者？雖萬死終不能死此原無死也。使原無死而可死，則亦不得謂之原無死

矣故原無生死四字不可只恁麼草草讀過急着精彩便見四字下落

○又

一動一靜原不是我莫錯認好父母已生後卽父母未生前無別有未生前消息也見得未生前則佛道外道邪道魔道總無有何必怕落外道乎總無死何必怕死乎然此不怕死總自十分怕死中來世人唯不怕死故貪此血肉之身卒至流浪生死而不歇聖人唯萬分怕死故窮究生死之因直證無生而後已

無生則無死無死則無怕非有死而強說不怕也自古唯佛聖人怕死爲甚故曰子之所慎齋戰疾又曰臨事而懼若死而無悔者吾不與其怕死何如也但記者不知聖人怕死之大耳怕死之大者必朝聞而後可免于夕死之怕也故曰朝聞道夕死可矣曰可者言可以死而不怕也再不復死亦再不復怕也我老矣凍手凍筆作字甚難慎勿草草須時時與明因確實理會我於詩學無分秖緣孤苦無朋用之以發叫號少洩胸中之氣無白雪陽春事也舉世無眞學

道者、今幸有爾列位真心向道、我喜何如、若悠悠然唯借之以過日子、又何必乎、

又

若無山河大地、不成清淨本原矣、故謂山河大地卽清淨本原可也、若無山河大地、則清淨本原、謂頑空無用之物、謂斷滅空不能生化之物、非萬物之母矣、可值半文錢乎、然則無時無處、無不是山河大地之生者、豈可以山河大地爲作障礙、而欲去之也、清淨本原、卽所謂本地風光也、視不見、聽不聞、欲聞無聲、

欲嗅無臭，此所謂龜毛兔角，原無有也，原無有是以謂之清淨也。清淨者，本原清淨，是以謂之清淨本原也，豈待人清淨之而後清淨耶？是以謂之鹽味在水，唯食者自知，不食則終身不得知也。又謂之色裡膠青，蓋謂之曰膠青，則又是色，謂之曰色，則又是膠青，膠青與色合而爲一，不可取也。是猶欲取清淨本原於山河大地之中，而清淨本原已合於山河大地，不可得而取矣。欲捨山河大地於清淨本原之外，而山河大地已合成清淨本原，又不可得而舍矣。故曰取

不得、舍不得、雖欲不放下不可得也、龜毛兔角、我所說與佛不同、佛所說以證斷滅空耳、

○又

念佛、是便宜一條路、非火化僧、只是念佛得力、人人能念佛、人人得往西方、不但此僧爲然、亦不必似此火化、乃見念佛功效也、古今念佛而承佛接引者、俱以無疾而化爲妙、故或坐脫、或立亡、或吉祥而逝、故佛上稱十號、只曰善逝而已、善逝者、如今人所言好死是也、此僧火化、雖非正法、但其所言得念佛力、實

是正言不可因其不是正法而遂不信其爲正言也
但人不必學之耳念佛須以見佛爲願火化非所願
也

○又

無相無形無國土與有相有形有國土成佛之人當
自知之已證涅槃之人亦自知之豈勞問人也今但
有念佛一路最端的念佛者念阿彌陀佛也當時釋
迦金口稱讚有阿彌陀佛在西方極樂國土專一拔
引念佛衆生以此觀之是爲有國土乎無國土乎若

無國土，則阿彌陀佛爲假名，蓮華爲假相，接引爲假說，互相欺誑，佛當受彌天大罪，如今之衙門口光棍，當卽時敗露，卽受誅夷矣，安能引萬億劫聰明豪傑，同登金蓮勝會乎。何以問我有無形相國土爲也。且夫佛有三身。一者，清淨法身，卽今問佛問法與問有無形相國土者也，是無形而不可見，無相而不可知者也，是一身也。二者千百億化身，卽今問佛問法問有無形相國土，又欲叅禪，又欲念佛，又不敢信，知此者，一日十二時，有千百億化現，故謂之化身，是又一身也，即法身之動念起意變化施爲，可得而見，可得而知，可得而狀者也。三者圓滿報身，即今念佛之人滿，即報以極樂參禪之人滿，即報以淨土，修善之人滿，即報以天堂作業之人滿，即報以地獄，慳貪者報以餓狗，毒害者報以虎狼，分釐不差，毫髮不爽，是報身也。報身即應身，報其所應得之身也。是又一身也。今但念佛，莫愁不到西方，如人但讀書，莫愁不富貴，一理耳。但有因，即有果，但得本，莫愁末，不相當，但成佛，莫愁佛不解語，不有相，不有形，不有國土也。

又須知我所說三身與佛不同佛說三身一時具足如大慧引儒書云天命之謂性清淨法身也率性之謂道圓滿報身也修道之謂教千百億化身也最答得三身之義明白然果能知三身卽一身則知三並卽一時我與佛說總無二矣

○○○答明因

昨有客在未及裁答記得爾言若是自己又何須要認我謂此是套語未可便說不要認也急寫要認數字去夫自己親生爺孃認不得如何是好如何過得

日子如何便放得下自不容不認得去也天下豈有親生爺孃認不得而肯丟手不去認乎決無此理亦決無此等人故我作壽丘坦之詩有云劬勞雖謝父母恩扶持自出由中尊尊莫尊于爺孃而人却認不得者無始以來認他人作父母而不自知其非我親生父母也一旦從佛由尊指示認得我本生至親父母豈不暢快又豈不痛恨昔者之不見而自哀鳴與流涕也邪故臨濟以之築大愚非築大愚也喜之極也夫既認得自巳爺孃則天來大事當時成辦當時

結絕矣、葢此爺孃、是眞爺孃、非一向假爺孃可比也、假爺孃怕事、眞爺孃不怕事、入火便入火、燒之不得、入水便入水、溺之不得、故唯親爺孃爲至尊無與對、唯親爺娘能入於生死、而不可以生死、唯親爺孃能生生而實無生、能死死而實無死、有此好爺孃、可不早親識認之乎、然認得時、爺孃自在也、認不得時、爺孃亦自在也、唯此爺孃情性大好、不肯強人耳、因復禿筆潦倒如此、甚不當、

○○又

無明實性即佛性二句亦未易會夫既說實性便不可說空身既說空身便不容說實性矣終然但得本莫愁末我道但有本可得即便有末可愁難說莫愁末也自利利他亦然若有他可利便是未能自利的矣既說父母未生前則我身尚無有我身既無有則我心亦無有我心尚無有如何又說有佛苟有佛即便有魔即便有生有死矣又安得謂之父母未生前乎然則所謂眞爺孃者亦是假立名字耳莫太認眞也眞爺孃不會說話乃謂能度阿難有是理乎佛未

嘗度阿難，而阿難自迷，謂必待佛以度之，故愈迷愈遠，直至迦葉時，方得度爲第二祖。當迦葉時，迦葉力擯阿難，不與話語，故大衆每見阿難便即星散，視之如讐人然，故阿難慌忙無措，及至無可奈何之極，然後舍卻從前悟解，不留半點見聞於藏識之中，一如父母未生阿難之前然，迦葉方乃印可傳法爲第二祖也。設使阿難猶有一毫聰明可倚，尚貪着不肯放下，至極乾淨，迦葉亦必不傳之矣。蓋因阿難是極聰明者，故難舍也。然則凡看經看教者，只要舍我所不能舍方是善看經教之人，方是眞聰明大善知識。之人莫說看經看教爲不可，只要看得瞥脫乃可。

○明因曰：諸相原非相，只因種種差別，自落諸相中。不見一相，能轉諸相。

諸相原非相是也，然怎見得原非相乎？且聞凡可得而見者，皆相也。今若見得非相，則見在而相不在，去相存見，是又生一相也。何也？見即是相耳。今且勿論經云：若見諸相非相，即見如來。既見了如來，諸相又向何處去乎？抑諸相宛爾在前，而我心自不見之耶？

抑我眼不見之也。眼可見而強以爲不見，心可見而謬以爲不見，是又平地生波，無風起浪，去了見復存不見，豈不大錯。

○明因曰：豁達空，是落斷滅見，着空弃有，是着無見，都是有造作見。得眞爺孃，自無此等見識，然即此見識便是眞空妙智。

弃有着空，則成頑空矣，即所謂斷滅空也，即今人所共見太虛空是也。此太虛空不能生萬有，既不能生萬有，安得不謂之斷滅空，安得不謂之頑空。頑空者，言其頑然如一物然也。然則今人所共見之空，亦物也，與萬物同矣，安足貴乎。六祖當時，特借之以喻不礙耳。其實我之眞空，豈若是耶。唯豁達空須細加理會，學道到此，巳大段好了，願更加火候，疾證此大涅槃之樂。

明因曰：名爲豁達空者是誰，怕落豁達空者是誰，能參取豁達空者是誰，我之眞空，能生萬法，自無莽蕩。曾有偈云：三界與萬法，匪歸何有鄉，若只便恁麽，此事大乖張。此是空病，今人有執着諸祖一

語修行者、不知諸祖教人、多是因病下藥、如達磨見二祖種種說心說性、故教他外息諸緣、心如牆壁、若執此一語、卽成斷滅空、

眞空既能生萬法則眞空亦自能生罪福矣、罪福非萬法中之一法乎、須是眞曉得自無罪福乃可、不可只恁麼說去也、二祖當時說心說性、亦只爲不曾認得本心本性耳、認得本心本性者、又肯說心說性乎、故凡說心說性者、皆是不知心性者也、何以故、心性本來空也、本來空又安得有心更有性乎、又安得有

心更有性可說乎故二祖直至會得本來空乃得心如牆壁去耳既如牆壁則種種說心說性諸緣不求息而自息矣諸緣既自息則外緣自不入内心自不喘此真空實際之境界也大涅槃之極樂也大寂滅之藏海也諸佛諸祖之所以相續慧命於不斷者也可以輕易而錯下注脚乎參參

明因云那火化僧說話亦通只疑他臨化時叫人誦彌陀經又說凡見過他的都是他的徒弟

臨化念彌陀經此僧家常儀也見過卽是徒弟何疑

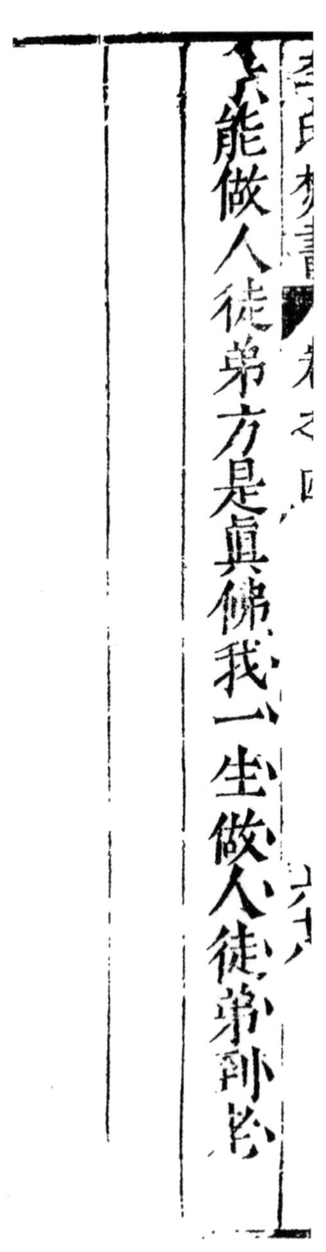

者能做人徒弟方是真佛我一生做人徒弟耶已

○○小引

余年已七十矣、旦暮死皆不可知、然余四方之人也、無家屬僮僕於此、所賴以供朝夕者、皆本院之僧、是故豫爲之約、約曰我在、則事體在我、人之敬慢亦在我、我若有德、人則敬我、汝等縱不德、人亦看不見也、我若無德、人則我慢、縱汝等眞實有德、人亦看不見也、所係皆在我、故我只管得我立身無愧耳、雖不能如古之高賢、但我青天白日心事、人亦難及、故此間大賢君子皆能恕我而加禮我若我然後人皆唯爾輩之觀矣可復如今日乎且汝等今日亦自不暇終年修理佛殿塑像請經鑄鐘鞔鼓并早晚服事老人一動一息恐不得所固忙忙然無有暇刻矣今幸諸事粗具塔屋已成若封塔之後汝等早晚必然守塔人不見我只看見汝則汝等一言一動可苟乎哉汝等若能加謹僧律則人因汝敬并益敬我反思我矣不然則豈但不汝敬將我此龍湖上院即同興福等寺應付僧一樣看了也其爲辱門敗種寧空此院置

此塔無人守護，可乎夫，吾為此故豫設、戒約付常融常中常守懷捷懷林懷善懷珠懷玉等，若餘幾衆、我歿後無人管理、自安遣之復還原處、不必強也，蓋年幼人須有本師管轄方可成器、又我歿後勢益淡薄、少年人或難當抵也、若能聽約、忍饑和衆、則雖十方賢者、亦安留與其聚、況此數衆與下院之衆乎、第恐其不肖、或不能是、以趁早言之

一早晚功課

具上院約束冊中、不復再列

〇一早晚山門

山門照舊關鎖、非水火緊急、不得擅開、非熟客與檀樾爲燒香禮拜來者、不得擅開、若爲看境而來、境在湖上之山、潭下之水、盡在上院山門之外、任意觀看、不勞敲門與開門也、遠者欲做飯吃、則過橋卽是柳塘先生祠、看祠有僧、來客可辦柴米、令跟隨人役燒茶煮飯、彼中自有鍋竈、亦不勞扣門矣、何也、山僧不知敬客禮數、恐致得罪耳

〇〇一早晚禮儀

除挑水舂米作務照常外其餘非禮佛即靜坐也非
看經即經行念佛也俱是整頓僧衣與接客等矣豈
可效鄉間老以為無事便縱意自在乎與其嬉笑無
寧恥聆此實言也其坐如山其行如蟻其立如柱其
止如釘則坐止行立如法矣我既不自慢人誰敢謾
我有飯吃飯無飯吃粥有銀則糴無銀則化化不出
米則化出飯化不出飯則化出粥化不出粥則化出
菜化不出菜則端坐而餓死此釋迦律儀也不法釋
迦而法積攢俗僧可乎此時不肯餓死後日又不飽

死不病死乎總有一日死不必怕餓死也既不怕餓死又胡爲終日馳逐乎是故不許輕易出門除人家拜望禮節與僧家無干不必出門往看外若稱要到某庵某處會我師父或師兄師弟者皆不許只許師父暫時到院相看遠者留一宿近者一飯卽請回若俗家父母兄弟非辦齋不許輕易入門相見若無故而時常請假欲往黃檗山欲往東山欲往維摩庵等處皆卽時驅遣之去寧可無人守塔不可容一不守約之僧寧可終身只四五衆不可妄添不受約一

入夫既不許到師父住處矣況俗家乎始此則終日鐵門出門亦自爲矣不但身心安閑志意事一久則自覺便宜亦不耐煩見其上人矣有何西方不可到大事不可明乎試反而觀其間僧日日遊街市當自汗流羞恥之化他日之錢米養不惜善之和尚出入公私之門雜飾狗臉之行與衙門口積年窠殊也彼為僧如是我為僧不如是不但修行所宜體面亦自趦趄人敢冀何苦而不肯開門靜坐乎說絲日開門亦自然無容萬一有仕人或鄉先生來不得不

開門者，彼見我如此，亦自然生渴仰矣。雖相見何妨耶。接鄉士夫則稱老先生，接春元及文學則稱先生。此其待之者重矣。若稱之以老爹相公，反輕之耳。且既為佛子，又豈可與奴隸輩同口稱聲耶。我自重，人自重我；我自輕，人亦輕我。理之所必至也。閉門靜坐，寂然無聲，終年如此，神猶欽仰，何況於人。太上出世為真佛，其次亦不為世人輕賤，我願足矣。區區藏屍塔屋，有守亦可，無守亦可，何足重乎。若本縣經過，有公務者，自有下院衆人迎接，非守塔僧所當聞。若其

眞實有高興欲至塔前禮拜者此佛子也大聖人也
急宜開門延入以聖人待之烹茶而燒好香與事佛
等始爲相稱迎送務盡禮談佛者呼之爲佛爺講道
學者呼之爲老先生不講學不談佛但其人有氣槩
欲見我塔者則呼之爲老大人五衆齊出與施禮三
衆即退而辦茶唯留常融懷林二人安客坐而陪之
融偶坐林傍坐俱用漆椅不可用凳陪客坐也有問
乃荅不問即嘿安閒自在從容應對不敢慢之不可
敬之敬之則必以我爲有所求甚不可也

○○○一早晚佛燈

夫燈者，所以繼明於晝夜，而並明於日月者也。故日能明於晝而不能照重陰之下，月能明於夜而不能照殿屋之中，所以繼日月之不照者，非燈乎？故謂之曰日月燈明佛。蓋以佛譬日月燈，稱佛之如燈如日月也。日月有所不照，唯燈繼之，然後無所不照，非謂日月可無而燈獨不可無也。今事佛者相沿而不知其義，以謂常明燈者但是燈光，而不復論有日月，乃晝夜然燈不息，則日月俱廢矣。非但月為無用之光而日亦爲無益之明矣故今只令然燈於夜晝則不敢然以佛常如日也只令然燈於晦望之前後十餘夜節不敢然以佛之常如月也唯隣晦朔前後半餘月然燈徹旦以佛之常如燈也則允矣足稱日月燈明佛矣

○○○一早晚鐘鼓

夫山中之鐘鼓即軍中之號令天中之雷霆也電雷一奮則百穀草木皆甲拆號令一宣則百萬齊聲山川震沸山中鐘鼓亦猶是也未鳴之前寂寥無聲萬

慮俱息一鳴則蝶夢還周耳目煥然改觀易聽矣縱
有雜念一擊遂忘縱有愁思一搥便廢縱有狂志悦
色一聞音聲皆不知何處去矣不但爾山寺僧衆然
也遠者近者孰不聞之聞則自然悲仰亦且回心易
向知身世之無幾悟勞攘之無由矣然則山中鐘鼓
所係匪鮮淺也可聽小沙彌輩任意亂敲乎輕重疾
徐自有尺度輕能令人喜重能令人懼疾能令人趨
徐能令人息直與軍中號令天中雷霆等耳可輕乎
哉雖曰遠近之所望而敬者僧之律行然聲音之道

原與心通未有平素律行僧實而鐘鼓之音不清越而和平也既以律行起人畏敬於先又聽鐘鼓和鳴於清晨良霄之下時時聞此則時時熏心朝朝暮暮聞此則朝朝暮暮感悅故有不待入門禮佛見僧而潛修頓改者此鐘鼓之音為之也所係誠非細也不然我之撞鐘擊鼓如同兒戲彼反怒其驚我眠而聒我耳反令其生噪心矣

○○○一早晚守塔

封塔後即祀木主以百日為度早晚俱燒香唯中午

供飯一盞，清茶一甌，豆豉少許，上懸琉璃，我平生不愛人哭，哀哀不愛人閉眼愁眉作婦人女子賤態。丈夫漢喜則清風朗月，跳躍歌舞，怒則迅雷呼風，鼓浪崩沙，如三軍萬馬，聲沸數里，安得有此俗氣！況出家人哉！且人生以在世爲客，以死爲歸，歸家則喜而相慶，亦自謂得所而自慶也。又兒至七八十而後歸，其爲慶幸，益以無涯，若復有傷感者，是不欲我得所也。豈出家人之所宜乎？古有死而念佛相送，即今人出郭作歌送客之禮，生死一例，苟送一客而哀，與豈不重

難爲客耶、客既不樂、主人亦何好也、是以再四叮嚀、
非怕汝等哭也、恐傷我歸客之心也、唯當思我所嗜
者、我愛書、四時祭祀、必陳我所親校正批點與纂集
抄錄之書、于供卓之右、而置常穿衣裳于供卓之左、
早陳設、至晚便收、每年共十三次祭祀、雖名爲祭祀、
亦只是一飯一茶一少許豆豉耳、但我愛香、須燒好
香、我愛錢、須燒好紙錢、我愛書、須牢收我書、一卷莫
輕借人、時時搬出日頭曬、曬乾便收訖、雖莊純甫近
來以教子故、亦有看書、要書、但决不可與之、且彼亦

不知我死縱或於別處聞知我死而來亦不可與以我書李四官若來叫他勿假哭作好看汝等亦决不可遣人報我死我死不在今日也自我遣家眷回鄉獨自在此落髮爲僧時即是死人了也已欲他輩皆以死人待我了也是以我至今再不曾遣一力到家者以謂已死無所用顧家也故我嘗自謂我能爲忠臣者以此能忘家忘身之念卜之也非欺誕說大話也不然晉江雖遠不過三千餘里遣一僧持一金即到矣予豈惜此小費哉不過以死自待又欲他輩以

必待我則彼此兩無牽掛出家者安意出家在家者安意做人家免道途之勞費省江湖之風波不徒可以成就彼是亦彼之所以成就我也何也彼勞苦則我心亦自愁苦彼驚懼則我心亦自疑懼彼不得安意做人家我亦必以爲使彼不得做人家者我陷之也是以不願遣人往問之其不肯遣人往問之者正以絕之而使之不來也莊純甫不曉我意猶以班俗情禮待我今已到此三次矣其家既窮來時必假借路費借倩家人非四十餘日不得到此非一月日不

好遠回、又非四五十日未易抵家、審如此、則我只空
在家出家矣、何必如此以害莊純甫乎、故每每到此、
則我不樂甚也、亦以使之不敢復來故也、既不肎使
之來此、又豈肎遣人往彼乎、一向既不肎遣人往彼、
今日又豈可遣人往彼報死乎、何者、總之我死不在
今日也、我死既不在今日、何謂封塔而乃以死待我
也、則汝等之當如平日、又可知也、待我如平日、事我
如生前、言語不苟、行事不苟、比舊更加謹慎、使人人
咸曰、龍湖僧之守禁戒也、如此、龍湖僧之不謬為卓

吾侍者也、又如此、其爲喜悅我也、甚矣、又何必以不
復見我爲苦、而生悲愴也、我之形、雖不可復見、而我
心則開卷卽在矣、讀其書、見其人、精神且千萬倍、若
彼形骸、外矣、又何如我書乎、況讀其豫約、守其戒禁
則卓吾老子終日對面、十目視之、無有如其顯、十手
指之、無有如其親者、又何必悲戀此一具瘦骨柴頭
以爲能不忘老子也耶、勉之戒之、我初至麻城、曾承
庵創買縣城下今添蓋樓屋、所謂維摩庵者、皆是周
友山物、余已別有維摩庵創建始末一書、寄北京與

周友山矣、中間開載布施事、頗詳悉、其未悉者、又開具緣簿中、先寄周友山于川中、二項兼查則維摩庵布施功德主、亦昭昭可案覆而審、不得没其實也、創建始末、尚有兩册、一册畱龍湖上院爲照、一册以待篤實僧能堅守樓屋靜室者、然後當友山面前給與之、世間風俗日以偷薄、不守本分、雖百姓亦難、何況出家之者、謹守清規莫亂收徒衆以爲能、縱不能學我一分半分、亦當學我一厘兩厘、何苦勞勞碌碌日夜不止也、在家之人尚爲有妻兒親眷等衣食人情逼迫無措，我出家人，一身亦不曾出一丁銀米之差，若不知休，非但人禍，天必刑之，難逃免也。周友山既捨此庵，不是小事，此庵見交銀七十二兩與曾劉二家矣，可輕視之歟？夫友山之所以敬我，若以我稍成一箇人也；我之所以不回家，不他往，若以友山之知。我也。我自幼寡交，少知遊，稍長，從薄宦於外，雖時時有敬我者，然亦皮膚粗淺視我耳，深知我者，無如周友山，故我不還家，不復別往尋朋友也。想行遍天下，亦只如此已矣。且友山非但知我，亦甚重我。夫士爲知已亦何也知已之難遇也今士子得一科第便以所取座主爲親爺孃終身不能忘提學官取之爲案首即以提學官爲恩師事之如事父兄以其知已也以文相知猶然如此況心相知哉故天下未有人而不喜人知已者則我之不歸家又可知矣今並不察既以不歸家病我家中鄉里之人又以不歸家爲我病我心中只好自問自答曰爾若知我取我爲案首我自歸矣何必苦勸我歸也然友山實是我師匪但知我已也彼其退藏之密實老子之後一人我自

望之若跂尤不欲歸也爾等謹守我塔長守清規友山在世定必護爾爾等保無恐也劉近城是信愛我者與楊鳳里實等梅澹然是出世丈夫雖是女身然男子未易及之今既學道有端的知見我無憂矣雖不曾拜我為師彼知我不肯為人師也然已時時遣人走三十里問法余雖欲不荅得乎彼以師禮默默事我我縱不受半箇徒弟於世間亦難以不荅其請故凡荅彼請教之書彼以師稱我我亦以澹然師荅其稱終不欲犯此不為人師之戒也嗚呼不相見而

相師、不獨師而彼此皆以師稱、亦異矣、於澹然稱師
者、澹然已落髮爲佛子也、於衆位稱菩薩者、衆位皆
在家、故稱菩薩也、然亦眞正是菩薩家、殷而門戶重、
卽親戚往來常禮、亦自無闕曠之期、安得時時聚首
共談此事乎、不聚而談、則退而看經敎、時時問話、皆
有的據、此豈可以好名稱之矣、卽使好名而後爲、已
是天下奇男子所希有之事、況實在爲生死起念、早
晚唯向佛門中勤渠拜請者乎、敬之敬之、亦以衆菩
薩女身也、又是有親戚愛姤不等、生出閒言長語、不

可耳聞也。猶然不一理會，只知埋頭學佛道，作出家人。況爾等出家兒，並無一事，安可不究心，安可不念佛耶。我有西方決最說得親切，念佛求生西方者，須知此趣向，則有端的志氣矣。不然，雖曰修西方，亦是一句見成語耳。故念佛者，定須看通了西方決，方爲眞修西方之人。夫念佛者，欲見西方彌陀佛也，見阿彌陀佛了，卽是生西方了，無別有西方可生也。見性者，見自性阿彌陀佛也，見自性阿彌陀佛了，卽是成佛了，亦無別有佛可成也。故修西方者，總爲欲見佛耳。雖只得面見彼佛。阿彌陀佛。既常在佛之旁。又豈有不得見自己佛之理耶。時時目擊。時時耳聞。時時心領。而意實無雜學。無雜事。一日聽之。百日亦聽之。一劫伴之。百萬劫亦與之伴。心志純一。再無別有往生之想矣。不成佛。更何待耶。故凡成佛之路甚多。更無有念佛一件直截不蹉者。是以大地眾生咸知修習此一念也。然問之最聰明靈利有念佛者。竟無一人曉了此意。則雖念佛何益。既不以成佛爲念。而妄謂佛是決不可成之物。則雖生西方。欲以奚爲。縱得至彼亦自不肎信佛言語自然復生別想欲往別處去矣卽見佛猶不見也故曲之念佛修西方者可笑也决萬萬無生西方之理也縱一日百萬聲佛百事不理專一如此然我知其非往生之路也須是發願欲求生西方見佛而時時聽其教旨半言不敢不信不敢不理會乃是求往生之本願正經主意耳以上雖說守塔事而終之以修淨土要訣蓋皆前賢之所未發故詳列之以爲早晚念佛之因

○○○一感慨平生

善因等衆菩薩見我涅槃，必定差人來看。夫諸菩薩甚難得，若善因者，以一手而綜數產，纖悉無遺，以冢婦而養諸姑，昏嫁盡禮，不但各無間言，亦且咸得歡心，非其本性和平，真心孝友，安能如此？我聞其才力其識見，大不尋常，而善因固自視若無有也，時時至繡佛精舍，與其妹澹師窮究真乘，必得見佛而後已。故我猶真心敬重之。此皆爾等所熟聞，非千里以外人，百年以遠事，或出傳說，不可信也。爾等但說出家便是佛了，便過在家人了。今我亦出家，寧有過人者

葢大有不得已焉耳非以出家爲好而後出家也亦
非以必出家乃可修道然後出家也在家不好修道
乎緣我平生不愛屬人管夫人生出世此身便屬人
管了幼時不必言從訓蒙師時又不必言旣長而入
學卽屬師父與提學宗師管矣入官卽爲官管矣棄
官回家卽屬本府本縣公祖父母管矣來而迎去而
送出分金擺酒席出軸金賀壽旦一毫不謹失其歡
心則禍患立至其爲管束至入木埋下土未巳也管
束得更苦矣我是以寧飄流四外不歸家也其訪友

朋求知己之心雖切，然已亮天下無有知我者，只以不願屬人管一節，既棄官，又不肯回家，乃其本心實意。特以世人難信，故一向不肯言之，然出家遨遊，其所遊之地，亦自有父母公祖可以管攝得我，故我於鄧鼎石初履縣時，雖身不敢到縣庭，然彼以禮帖來，我可無名帖答之乎？是以書名帖不敢曰侍生，侍生則太尊已不敢曰治生，治生則自受縛。尋思四字回答之，曰流寓客子。夫流寓則古今時時有之，目今郡邑誌書，稱名宦，則必繼之以流寓也。名宦者，賢公祖父母也流寓者賢隱逸名流也有賢公祖父母則必有賢隱逸名流書流寓則與公祖父母等稱賢矣宦必有名乃紀非名宦則不紀故曰名宦若流寓則不問可知其賢故但曰流寓葢未有不是大賢高品而能流寓者晦庵婺源人而終身延平蘇子瞻兄弟俱眉州人而一葬郟縣一葬潁州不特是也邵康節范陽人也司馬君實陝西夏縣人也而皆終身流寓洛陽與白樂天本太原人而流寓居洛一矣孰謂非大賢上聖而能隨寓皆安者乎是以不問而知其賢

也然既書流寓矣又書客子不已贅耶蓋流而寓矣
非築室而居其地則種地而食其毛欲不受其管束
又不可得也故兼稱客子則知其爲旅寓而非眞寓
如司馬公邵康節之流也去住時日久近皆未可知
縣公雖欲以父母臨我亦未可得既未得以父母臨
我則父母雖尊其能管束得我乎故兼書四字而後
作客之意與不屬管束之情暢然明白然終不如落
受出家之爲愈蓋落髮則雖麻城本地之人亦自不
髮父母管束況別省之人哉或曰既如此在本鄉可

以落髮又何必麻城噴我在此落髮猶必設盡計校而後刀得臨頭鄧鼎石見我落髮泣涕甚哀又述其母之言曰爾若說我乍聞之整一日不吃飯飯來亦不下咽李老伯決定留髮也且汝若能勸得李老伯蓄髮我便說爾是箇眞孝子是箇第一好官嗚呼余之落髮豈容易哉余唯以不肎受人管束之故然後落髮又豈容易哉寫至此我自酸鼻爾等切勿以落髮爲好事而輕易受人布施也雖然余之多事亦已極矣余唯以不受管束之故受盡磨難一生坎坷將

大地爲壘難盡寫也、爲縣博士、郎與縣令提學觸、爲太學博士、郎與祭酒司業觸、如秦、如陳、如潘、如呂、不一而足矣、司禮曹務、郎與高尚書殷尚書、王侍郎、萬侍郎盡觸也、高殷皆入閣、潘陳呂皆入閣、高之掃除少年英俊名進士無數矣、獨我以觸迕得全、高亦人傑哉、最苦者爲員外郎、不得尚書謝、大理卿董并汪意、謝無足言矣、汪與董皆正人、不宜與余抵牾、彼二人者、皆急功名、淸白未能過人、而自賢則十倍矣、予。○、○、○。安得免觸耶、又最苦而遇尚書趙、趙於道學有名、孰知道學益有名而我之觸益又甚也最後爲郡守即與巡撫王觸與守道駱觸王本下流不必道矣駱最相知其人最號有能有守有文學有實行而終不免與之觸何耶渠過於刻厲故遂不免成觸也渠初以我爲清苦敬我終反以我爲無用而作意害我則知有巳不知有人今古之號爲大賢君子往往然也記昔嘗苦勸駱曰邊方雜夷法難盡執日過一日與軍與夷共享太平足矣仕於此者無家則難住攜家則萬里崎嶇而入狠狽而去尤不可不體念之但有一

能卽爲賢者豈容備責但無人告發卽裝聾啞何須細問蓋清謹勇往只可責已不可責人若盡責人則我之清能亦不足爲美矣況天下事亦只安如此耶嗟嗟孰知子竟以此相觸也哉雖相觸然使余得以薦人必以駱爲薦首也此余平生之大略也上之不能如東方生之避世金馬門以萬乘爲僚友含垢忍恥遊戲仕路最上又不能如胡廣之中庸梁江總之頭黑馮道之五代貪祿而不能忍詬其得免於虎口亦天之幸耳旣老而思勝算就此一著已非上策爾

等安得知耶故予嘗謂世間有三種人決定出家非
三種而出家非避難卽無計可治生利其閒散可以成
就吾之懶也無足言也三種者何葢世有一種如梅
福之徒以生爲我酷形爲我辱智爲我毒身爲我桎
梏的然見身世之爲贅疣不得不棄官而隱夫洪崖
王筍之間者一也又有一種如嚴光阮籍陳摶邵雍
輩苟不得比干呂尚之遇文王管仲之遇齊桓孔明
之遇先主傅說之遇高宗則寧隱無出故夫子曰居
則曰不吾知也如或知女則何以哉又曰沽之哉我

待價者也是以孔子終身不仕而隱也其曰有道則仕無道則懷不過以贊伯王等云耳若夫子苟不遇知己善價則雖有道之世不肯沽也此又一種也夫天下曷嘗有知己之人哉況眞爲天下知己之主歟其不得不隱也巖穴釣臺蘇門之山固其所矣又有一種則陶淵明輩也　亦貪富貴亦苦貧窮苦貧窮故以乞食爲恥而曰扣門拙　亦愛富貴故求爲彭澤令因遣一力與兒而曰助汝薪水之勞然無耐其不肯折腰何是以八十日便賦歸去也此又一種

也適懷林在傍研墨問曰不審和尚于此三種何居

余曰卓哉梅福莊周之見我無是也必遇知已之主而後出必有益世眞才我無是才也故亦無是見也其唯陶公乎夫陶公清風千古余又何人敢稱庶幾然其一念眞實受不得世間管束則偶與同耳敢附驥耶

以上六條末條復潦倒哀鳴可知余言之不顧矣勸爾等勿哭勿哀而我復言之哀哀眞情實意固自不可強也我願爾等勿哀又願爾等心哀心哀

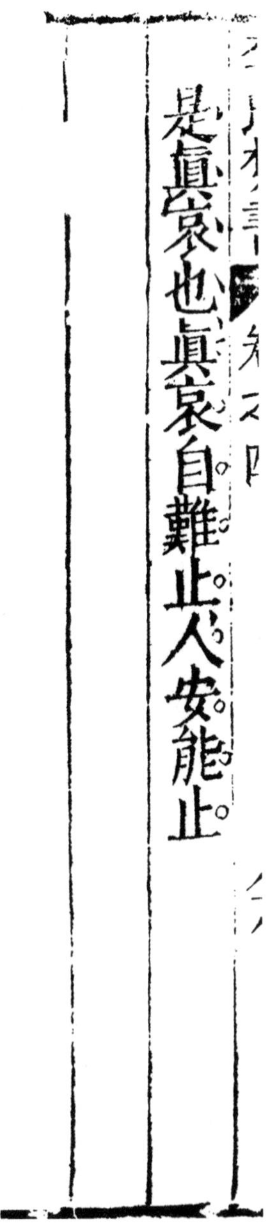

是眞哀也眞哀自難止人安能止

寒燈小話

○○○第一段

九月十三夜、大人患氣急、獨坐更深、向厶輩言曰、丘坦之此去不來矣、言未竟、淚如雨下、厶謂大人莫太感傷、因爲鄙俚之語、以勸大人、語曰、詩 世界眞可哀、乾坤如許大、好人難容載、我勸大人莫太傷懷、古來盡如此、今日安足怪、我量彼走盡天下無知巳、必然有時還來、亂曰、此說不然、此人聰明大有才、到處逢人多相愛、只恨一去太無情、不念老人日夜難待、十五夜復聞人道有一老先生特地往丘家拜訪荆州袁生且親下請書以邀之袁生拜既不答召又不應丘生又係一老先生通家子亦竟不與袁生商之傷人相視莫不驚駭以爲此皆人世所未有者大人謂袁生只爲不省人間禮數取怒於人是以遨遊至此今又責之備袁生安所逃死耶嗟嗟袁生之難也烏得無罪乎懷林小沙彌從傍哂曰袁家丘家決定是天上人初來下降人世者是以不省人世事也若是世間人安有不省世間禮數之理某謂林言甚辯大

人曰林之言是也夫唯眞天上人是以不知有人盡事故盡間人之所能知者天人不知盡間人之所能行者天人不能是以謂之天人也夫盡間人之所能知能行者天人既已不知不能則天人之所知者盡間人亦決不知天人之所能者盡間人亦決不能若慕天人以其所不知不能而復責天人以盡之所共知共能是猶責人盡以知能而復示其如天人之不知與不能也不亦難歟則不惟天人失其爲天人將盡間人亦失其爲盡間人矣是責備之過也吾謂不

如取天人之所獨知獨能者而以與之好而略其所不知不能之不如無間人者而不爲之求備焉則善矣因感而賦詩三章以祛責備者之惑、不是天人初下無如何不省無人禮省得無人禮不難爾來我往知禮矣、　既不能知人無禮如何敢到人間無任爾胸藏萬斛珠不如百拜頭至地　去年曾有一新郎兩處奔波苦苦忙糞掃堆邊都是也痴人却說郎非常

○第二段

是夜懷林侍次見有猫兒伏在禪椅之下林曰這猫兒日間秪拾得幾塊帶肉的骨頭吃了便知痛他者是和尚每每伏在和尚座下而不去和尚嘆曰人言最無義者是猫兒今看養他顧他時他卽戀着不去以此觀之猫兒義矣林曰今之罵人者動以禽獸奴狗罵人强盜罵人罵人者以爲至重故受罵者亦自爲至重吁誰知此豈罵人語也夫世間稱有義者莫過於人你看他威儀禮貌出言吐氣好不和美憐人愛人之狀好不切至只是還有一件不如禽獸奴狗

強盜之處葢由上做強盜者有二或被官司逼迫怨氣無伸遂爾遁逃或是盛有才力不甘人下倘有一箇半箇憐才者使之得以效用彼必殺身圖報不肎忘恩矣然則以強盜罵人是不爲罵人了是反爲讚嘆稱美其人了也狗雖人奴義性尤重守護家主逐亦不去不與食吃彼亦無嗔自去吃屎將就度日所謂狗不厭家貧是也今以奴狗罵人又豈當乎吾恐不是以狗罵人反是以人罵狗了也至於奴之一字但爲人使而不足以使人者咸謂之奴由閒曷嘗有

使人之人哉。爲君者漢唯有孝高、孝文、孝武、孝宣，
餘盡奴也，則以奴名人，乃其本等名號，而反怒人，何
也？和尚謂禽獸、畜生、強盗、奴狗，既不足以罵人，則當
以何者罵人，乃爲恰當？林遂引數十種，如蛇如虎之
類，俱是罵人不得者，直商量至夜分，亦竟不得。乃嘆
曰：嗚呼！好看者人也，好相處者人也，秪是一付肚腸
甚不可看，不可處。林曰：果如此，則人眞難形容哉！甚
謂人皮包倒狗骨頭，我謂狗皮包倒人骨頭，未審此
罵何如？和尚曰：亦不足以罵人。遂去睡。

○○第三段

守庵僧每日齋，皆取給于城內外人家供給盞飯，推其餘乃以飯往來方僧道侶。是日道侶中有一人再來索食，守僧怒罵不已。大人聞之，謂某輩曰：不與食亦罷，何太辱罵也。況又盞飯之餘乎。因論及常志等，謂常志每借得銀物，隨手輒盡，此其視守僧之罵道人，較勝矣。且常志等平日亦自謂能輕財好施，當過守僧十倍也。某謂此說未當，要不過伯仲之間耳。彼守僧之罵道人，傷于太儉者也，但知爲施主惜餘飯

而不知爲施主廣積福但知化斂之難欲以飽其徒
不知受罵之苦反以傷佛心是太儉之故也若常志
輩但見假借名色以得人之銀若甚容易而不知要
借名色以要人之銀人實難堪况慷他人之慨費別
姓之財於人爲不情於己甚無謂乎是太奢之過也
奢儉俱非何以稱常志之勝大人曰若如子言則輕
財之名不美乎彼固慕輕財之名而後爲之者也某
曰嗟哉是何言歟夫吉之言輕財者必曰重義未有
無故而輕財者也故重義者必輕財而輕財者以重

義故是以有輕財重義之說有散財結客之說是故范純祐麥舟之尋以石曼卿故非石曼卿則一麥不肎妄費矣曾子敬有一囷三千米之尋以周公瑾故非公瑾則一粒不肎妄費矣爲公瑾是以結客故散財爲石曼卿是以重義故輕財今得人錢財視同糞土豈爲謀王圖伯用之以結客乎抑救災恤患而激於義之不能以已也要不過縱酒色之慾滋豪奴之貪亂而不理懦而不敢明耳何曾有一文施及於人賢之待朝餔者此爲浪費縱慾而借口輕財是天下

之湖子皆輕財之夫也反不如太儉者之爲得故曰
與其奢也寧儉

○○第四段

九月二十七日林隨長者遊至西城發足欲往萬壽寺寺有僧長者每遊必至方丈是日忽逢暴雨勢似天以同來長者避雨于秀士門下不一盞茶雨過然平地皆水可以行舟矣林啟長者曰此驟雨水未退不如升堂一坐稍待水退乃往長者登堂坐于中堂之上時有老僕卽欲入報長者遽止之曰勿報我躲

雨至此，權坐一時，切勿報，不報，我尚多坐一時，若報，主人出，我不過一茶，卽起矣。偶宅中有老嫗，從內出，見是長者，不覺發聲曰：是卓吾老爹，何不速報，便着身入內，口中道卓吾老爹在堂，快報知，快報知，于時主人出，安座已，坐未一茶，長者果起，至道中，問林曰，何此家婦人女子，盡識李卓吾耶？林曰：偏是婦人女子識得，具丈夫相者，反不識也。此間男子見長者，箇箇攢眉，長者曰：如爾言，反比不得婦人耶？林曰：不然，男子慣見長者，故作尋常看，此老婦人乍見耳，乍見是以生希有想歡喜想也長者但自念果尋常乎希有乎不必問林也若說男子不如婦人非矣長者曰爾言是爾言是疾行至萬壽寺會其僧其僧索書書數紙已其徒又索聯句聯句曰僧即俗俗即僧好箇道場爾爲爾我爲我大家遊戲是夜雨不止雨點大如車輪長者肩輿淋漓帶雨而歸大叫于輿上曰子看我與爾共作雨中遊何如林對曰眞可爲遊戲三昧大神通自在長者矣

〇玉合 共四首

此記亦有許多曲折，但當要緊處，却緩慢，却泛散，是以未盡其美，然亦不可不謂之不知趣矣。韓君平之遇柳姬，其事甚奇，設使不遇兩奇人，雖曰奇，亦徒然耳。此昔人所以歎恨於無緣也。方君平之未得柳姬也，乃不費一毫力氣而遂得之，則李王孫之奇，千載無其匹也。迨君平之既失柳姬也，乃不費一時力氣而遂復得之，則許中丞之奇，唯有崑崙奴千載可相伯仲也。嗚呼！世之遭遇奇事如君平者，亦豈少哉！唯不遇奇人，卒致兩地含冤抱恨以死，悲矣！然君平者

唯得之太易、故失之亦易、非許俊奇傑、安得復哉、此
許中丞所以更奇也、
○○○崑崙奴
許中丞片時計取柳姬、使玉合重圓、崑崙奴當時力
取紅綃、使重關不阻、是皆天地間緩急有用人也、是
以謂之俠耳、忠臣俠忠、則扶顛持危、九死不悔、志士
俠義、則臨難自奮之死靡他、古今天下、苟不遇俠而
妄委之、終不可用也、或不知其爲俠而輕置之、則亦
不肎爲我死爲我用也、俠士之所以貴者、才智兼資、

不難於死事而在於成事也使死而可以成事則死眞無難矣使死而不足以成事則亦豈肯以輕死哉貫高之必出張王審出張王而後絶吭以死者是也若崑崙奴旣能成主之事又能完主之身則奴願畢矣縱死亦有何難但郭家自無奈崑崙奴何耳劍術縱精初何足恃設使無劍術郭家四五十人亦能奈之何乎觀其詶對之語可見矣況彼五十人者自謂囊中之物不料其能出此網矣一夫敢死千夫莫當況僅僅五十人而肯以活命換死命乎直潰圍出本

自無阻而奈何以劍術目之謂之劍術且不可而乃謂之劍俠不益傷乎劍安得有俠也人能俠劍劍又安能俠人人而俠劍直匹夫之雄耳西楚伯王所謂學劍不成去學萬人敵者是也夫萬人之敵豈一劍之任邪彼以劍俠稱烈士者眞可謂不識俠者矣嗚呼俠之一字豈易言哉自古忠臣孝子義夫節婦同一俠耳夫劍之有術亦非眞英雄者之所願也何也天下無不破之術也我以術自聖彼亦必以術自神術而逢術則術窮矣曾謂荊卿而未嘗聞此乎張良

之擊秦皇也，時無術士，故子房得以身免，使遇術者，立爲虀粉矣。故黄石老大嗔怪于圯橋之下也。嗣後不用一術，只以無窮神妙不可測識之術應之，滅秦與漢，滅項與劉，韓彭之爼醢不及，蕭何之械繫不及，呂后之妬悍不及，功成名遂而身退，堂堂大道，何神之有，何術之有，況劍術邪。吾是以深悲魯勾踐之陋也。彼其區區，又何足以知荊卿哉。荊卿者，蓋眞俠者

以劍術俠也

此記關目極好，說得好，曲亦好，眞元人手筆也。首似散漫，終致奇絶，以配西廂，不妨相追逐也。自當與天地相終始，有此世界，即離不得此傳奇，肎以爲然否。縱不以爲然，吾當自然其然。詳試讀之，當使人有兄兄妹妹義夫節婦之思焉。蘭比崔重名，尤爲閒雅，事出無奈，猶必對天盟誓，願終始不相背負，可謂貞正之極矣。興福投竄林莽，知恩報恩，自是常理，而卒結以良緣，許之歸妹，興福爲妹丈，世隆爲妻兄，無德不酬，無恩不答，天之報施善人，又何其巧與。

○○○紅拂

記鬭目好曲好白好事好樂昌破鏡重合紅拂智

無雙虬髯棄家入海越公並遣雙妓皆可師可法

敬可羨孰謂傳奇不可以興不可以觀不可以羣

可以怨乎飲食宴樂之間起義動槩多矣今之樂

古之樂幸無差別覩之其可

# 李氏焚書卷之五

## 讀史

### ○○○曹公二首

曹公欲以愛女嫁丁儀、五官中郎將曰、婦人觀貌、而丁儀目眇、恐愛女不悅、後公與儀會、因坐而劇談、勃然起曰、丁掾好士、即使其兩目盲、猶當嫁女與之、何況但眇、是兒悞我、嗚呼、曹公愛才而忘其眇、愛才而忘其愛、愛才而忘其女之所不愛、若曹公真可謂愛才之極矣、然丁掾亦何可當也、夫人以目眇爲病、而下掾獨以目眇見爲奇，吾是以知曹公之具眼矣。是故獨能以隻眼視下掾也，是故下掾可以失愛女，而不可以失岳翁，縱可以不稱岳翁，而不得不稱，以知己之王。

魏武病頭風，方伏枕時，一見陳琳檄，即躍然起曰：此愈我疾，此愈我疾。夫文章可以起病，是天下之良藥，不從口入而從心授也，病即起于見文章，是天下之真藥，不可以形求，而但可以神領也。夫天下之善文章，如良醫之善用藥，古今天下亦不少矣，故□□難於有陳琳、而獨難、於有魏武、設使、呈陳琳之檄於凡有目者之前、未必不皆以爲好、然未必遽皆能愈疾也、唯愈疾、然後見魏武之愛才最篤、契慕獨深也、故吾不喜陳琳之能文章、而喜陳琳之遇知己、蓋知己甚難、雖琳亦不容不懷知己之感矣、唐之明皇、豈不是能文章者、然杜甫三大禮賦、浩然不才詩、已棄之如秦越人矣、況六朝之庸主哉、況沈謝引短推長、僧虔死筆自免、孝標空績辨命哉、

○楊修

史稱丞相主簿楊修謀立曹植爲魏嗣，曹丕患之，以車載廢簏內吳質與之謀。修以白操，丕大懼，質曰：無害也。明日復以簏載絹而入，推驗無人，操由是疑。又修每當就植，慮有闕白，忖度操意，豫作答教十餘條，敕門下隨問應答，於是教裁出，答即入，操怪之，乃收殺修。此爲實錄矣。或以修聰敏異常，又與袁氏爲婚，故曹公忌之。夫曹公愛才，今古所推，雖禰正平之無狀，猶爾相容，陳孔璋之檄，辱及父祖，且收以爲記室，安得有此？且有此，安得兼孳雄而并天下也？其欲謀立臨淄爲丕等所譖是的葢臨淄本以才捷愛幸意投修故修亦自以植爲知己植旣數與修書無所避忌修亦每於操前馳騁聰明則修之不善韜晦自宜取敗修與禰正平孔北海俱相知俱是一流人故俱敗

○○○反騷

朱子曰雄少好辭賦慕司馬相如之作怪屈原文過相如至不容作離騷自投江而死悲其文讀之未常不流涕焉以爲君子得時則大行不得則龍蛇遇不

遇命也，何必湛身哉，迺作書往往摭騷文而反之，自岷山投諸江以弔屈原云。李生曰，離騷，離憂也，反騷反其辭，以甚憂也，正謂屈子翻愁結耳，彼以雄不足憤，其憤雄也，益甚，以俗爲不足嫉，其嫉俗愈深，以神龍之淵潛爲懿，則其卑鄙雄人驢騾下，上視屈子爲何物，而視雄爲何等乎，蓋深以爲可惜，又深以爲可憐，痛原轉加，而哭雄轉劇也，夫有伯夷之行，則以餓死爲快，有士師之冲，則以不見羞汙爲德，各從所好而已，若執夷之清而欲兼柳之和，有惠之和，又欲并夷之淸，則惠不成惠，夷不成夷，皆假焉耳。嗚呼，昔夷之倫，楊雄者，惠之類，雖相反而實相知也，實未常不相扁念也者，彼假人者，豈但不知雄，而亦豈知屈平。唐柳柳州有云，委故都以從利兮，吾知先生之不忍，立而視其顚覆兮，又豈先生之所志，窮與達其不渝兮，夫唯服道而守義，吁嗟先生之貌不可得兮，猶彷彿其文章，託遺編而嘆喟兮，渙余涕其盈眶，哀今之人兮，庸有慮時之否臧，退默默以自服兮，曰吾言之而不行，其傷今念古，亦可感也，獨太史公屈原傳最

得之

○○○史記屈原

夫爲井者泄淤泥而瑩清泉可以汲矣而乃不汲真不能不令人心惻也故知王明則臣主並受其福不明則臣主並受其辱又何福之能得乎然則懷王客死於秦屈原沉沒於淵正並受其辱者耳曷足怪也張儀侮弄楚懷直似兒戲屈原乃欲託之爲元首望之如堯舜三王雖忠亦癡觀者但取其心可矣昏愚庸主有何草制可定左右近侍絕無與原同心者則

原亦太孤子而無助矣且所草藁既未定上官大夫等必得見之既得而見則是吾示天下以公也公則無有我人又何待奪又何奪之而不與乎即推以爲上官大夫之能可也不待彼有奪意斯善矣此以人事君之道臣之所以廣忠益者眞大忠也甚不可以不察也

○○○漁父

細玩此篇畢竟是有此漁父非假設之辭也觀其鼓枻之歌迥然清商絕不同調未卽類顯拒絕之跡遂

去不復與言、可以見矣、如原決有此見、有沈汨羅采實相矛盾、各執一家言也、但爲漁父則易、爲屈子則難、屈子所謂邦無道則愚、以犯難者也、誰不能智、唯愚不可及矣、漁父之見、原亦知之、原亦能言之、則謂爲屈原假設之詞亦可

○○○招魂

朱子曰、古者人死、則以其上服升屋、履危北面而號曰、皋某復、遂以其衣三招之而下、以覆尸、此禮所謂復也、說者以爲招魂復魄、有禱祠之道、盡愛之心、蓋

猶冀其復生耳如是而不生則不生矣於是乃行死
事而荆楚之俗乃或以施之生人故宋玉哀閔屈原
放逐恐其魂魄離散遂因國俗託帝命假巫語以招
之其盡愛致禱猶古遺意是以太史公讀之而哀其
志焉李生曰上帝命巫陽占筮屈平所在與之魂魄
巫陽謂屈原放逐江南魂魄不復日久不待占而後
知筮而後與也但宜節差掌夢之官往招其魂速之
來歸耳夫逐魂還魄生死肉骨天帝專之乃使陽筮
之帝之不足爲明矣故陽謂帝命難從而自以已情

帝招引之也天帝亦遂辭巫陽而謝不能復用屈原
爲蓋玉自比巫陽而以上官子蘭等比掌夢之官以
懷襄比天帝辭意隱矣其招之辭只述上下四方之
不可久處但道故國土地飲食宮室聲妓宴遊之樂
宗族之美絕不言當日事可謂至妙至妙善哉招也
痛哉招也樂哉招也同時景差亦有大招辭至漢時
淮南小山作招隱士朱子曰淮南王安好招致賓客
客有八公之徒分造詞賦以類相從或稱大山或稱
小山漢藝文志有淮南王羣臣賦四十四篇是也王

遂云小山之徒閔傷屈原身雖沉沒名德顯聞與隱處山澤無異故作招隱士之賦以彰其志

〇〇誡子詩

明者處世莫尚於中優哉游哉於道相從首陽爲拙柳惠爲工飽食安步以仕代農依隱玩世詭諞不逢才盡身危好名得華有羣累生孤貴失和遺餘不匱自盡無多聖人之道一龍一蛇形見神藏與物變化隨時之宜無有常家咎吾子曰既云隨時之宜則首陽非拙既云無有常家則何必柳下而後爲工班固

贊曰，劉向言少時，數問長老賢人通於事及朔時者，皆曰，朔口諧倡辯，不能持論，喜爲庸人誦說，故令後世多傳聞者，而楊雄亦以朔言不純師，行不純德，其流風遺書蔑如也。然朔名過實者，以其詼達多端，不名至行，應諧似優，不窮似智，正諫似直，穢德似隱，非夷齊而是柳下惠，戒其子以尚容，其滑稽之雄乎。卓吾子曰：向既稱朔口諧辯倡，則是論勝也，而曰不能持論，何哉？向之所謂論者，向去朔未遠，千載而上，恍然猶將見之，而問於長老之在朔時者，向可知也。當朔時朝野無半人知朔唯武帝知朔故朔有諫必聽彼同時諸長老誰是知朔者而問朔也不見設客難乎吁言不純師行不純德流風遺書蔑如乎不也雄之爲人益可知矣皋皋弄其唇吻欲以博萬世之名覸朔奚啻霄壤余此參駁當爲朔雄實錄

○○非有先生論

遇得其人則一言以興遇不得其人則一言遂死千載遇少而不遇多此志士所以在山仁人所以盡養壽命也唯其不忍爲是以莫肎爲歌咏彈琴樂而忘

欸空矣。然則東方生蓋亦幸而遭遇漢武者也。人謂大隱居市朝，以東方生爲朝隱。噫！使非武帝愛才知朔如此，敢一日而居市朝之間哉？最先避世而歌德衰者朔也。

〇子虚

班固曰：史遷稱春秋推見至隱，易本隱以之顯，大雅言王公大人而德逮黎庶，小雅譏小己之得失，其流及上。所言雖殊，其合德一也。相如雖多虚辭濫說，然其要歸引之節儉，此與詩之風諫何異？楊雄以爲靡

靡之賦勸百而諷一、猶騁鄭衛之音曲終、而奏雅不
已戲乎、余謂楊雄此言、非但不知人、亦且不知文、非
但不知文、亦且不知言、非但不知言、亦且不知諷矣
既不知諷、安其劇秦而美新也

○○賈誼

班固贊曰、劉向稱賈誼言三代與秦治亂之意、其論
甚美、通達國體、雖古之伊管未能遠過也、使時見用
功化必盛、爲庸臣所害、甚可悼痛、追觀孝文玄默躬
行以移風俗、誼之所陳略施行矣、及欲改定制度以

漢爲土德、色上黃、數用五、及欲試屬所施五餌三表以繫單于、其術固以疏矣、誼亦天年早終、雖不至公卿、未爲不遇也、凡所著述五十八篇、掇其切要於事者著於傳云、李卓吾曰、班氏文儒耳、只宜依司馬氏例、以成一代之史、不宜自立論也、立論、則不免攙雜別項經史聞見、反成穢物矣、班氏文才甚美、其於孝武以前人物、盡依司馬氏之舊、又甚有見、但不宜更添論贊於後也、何也、論贊須具曠古隻眼、非區區有文才者所能措也、劉向亦文儒也、然筋骨勝、肝腸勝人品不同，故見識亦不同，是儒而自文者也。雖不能超於文之外，然與固遠矣。漢之儒者，咸以董仲舒爲稱首。今觀仲舒不計功謀利之云，似矣，而以明災異下獄論死，何也？夫欲明災異，是欲計利而避害也。今既不肯計功謀利矣，而欲明災異者，何也？既欲明災異以求免於害，而又謂仁人不計利，謂越無一仁，又何也？所言自相矛盾矣。且夫天下曷嘗有不計功謀利之人哉？若不是真實知其有利益於我，可以成吾之大功，則烏用正義明道爲耶？其視賈誼之通達國體真實切用何如耶班氏何知知有舊時所聞耳而欲以貶該豈不可笑董氏章句之儒也其腐固宜雖然董氏特腐耳非詐也直至今日則爲穿窬之盜矣其未得富貴也養吾之聲名以要朝廷之富貴凡可以欺世盜名者無所不至其既得富貴也復以朝廷之富貴養吾之聲名凡所以臨難苟免者無所不爲豈非真穿窬之人哉是又仲舒之罪人班固之罪人而亦敢於隨聲雷同以議賈生故予因讀賈誼二子經世論策痛班氏之溺於聞見敢於論議遂爲歌曰

駟不及舌愼莫作孽通達國體劉向自別三表五餌
非疎匪拙彼何人斯千里之絕漢廷諸子誼實度越
利不可謀何其迂濶何以用之皤鬚鶴髮從容廟廊
冠冕珮玦垂儒拱手不知何說

○○鼂錯

班固賛曰鼂錯銳於爲國遠慮而不見身害其父睹
之經於溝瀆亡益救敗不如趙母指括以全其宗悲
夫錯雖不終世哀其忠故論其施行之語著於篇卓
吾曰鼂錯對策直推漢文於五帝非諛也以其臣皆

莫及也故曰五帝神聖其臣莫及而自親事親事則不可不知術數矣今觀其時在廷諸臣僅賈生耳賈生雖千古之英然與文帝遠矣是豈文帝咸有一德之臣乎夫既不得如五伯之佐賢於其主又不得如三王之臣復與主而俱賢則孝文眞孤立無輔者矣是故晁錯傷之而推之以與五帝並也然謂漢文無輔則可謂其不知術數則不可夫治國之術多矣若謂人盡不知術數必欲其皆就已之術數則亦豈得謂之知術數哉漢文有漢文之術數也漢高亦漢高

之術數也二五帝伯又自有二五帝霸之術數也以至六家九流凡有所挾以成大功者未嘗不皆有眞實一定之術數唯儒者不知故不可以語治雖其間亦有一二偶合然皆非性定神契心融木會眞若執左券而後爲之者也是故因其時用其術毋無定時我無定術是之謂與時消息而已不勞上也執其術馭其時時固無常術則有定是之謂執一定以應於無窮者也若夫不見其時不知其術時在則術在而術不能違時術在則時在而時亦不能違術此則管

夷吾諸人能之上之上也若鼂錯者不過刑名之一家申商之一術又以文帝爲不知學術而欲牽使從已感矣夫申商之術非不可平均天下而使人人親之盡如指掌也然而禍患則自已當之矣故錯以其殘忍刻薄之術輔成太子而太子亦卒用彼殘忍刻薄之術還害其身嗚呼孰知錯傷文帝之無輔而其父反以傷鼂錯之無父乎是故國爾忘家錯唯知日夜傷劉氏之不尊也公爾忘私而其父又唯知日夜傷錯氏之不安矣千載之下真令人悲傷而不可已

乃班固反譏其父不能學趙母，謬哉，

○○絶交書

此書若出相知者代康而爲之辭，則可若康自爲此詞，恐無此理，濤之舉康，蓋所謂眞相知者，而康之才、亦實稱所舉，康謂已之情性，不堪做官，做官必取禍是也，謂濤不知已，而故欲貽之禍，則不是，以已爲鴛雛，以濤爲死鼠，又不是，以舉我者爲不相知而直與之絶，又以已爲眞不愛官，以濤爲愛官者，尊已卑人不情實甚，則尤爲不是矣，嗚呼，如康之天才，稍加以

學抑又何當也而冒襲前人之口吻作不情之遁辭乎然此書實峻絕可畏千載之下猶可想見其人耶曰余貶康也金爲上上人說耳

〻養生論

嵇阮稱同心而阮則體妙心玄一似有聞者觀其放言與孫登之嘯可覩也若向秀注莊子尤爲巳見大意之人真可謂莊周之惠施矣康與二子遊何不就彼問道今讀養生論全然不省神仙中事非但不識真仙亦且不識養生矣何以當面蹉過如此耶以此

聰明出塵好漢雖向阮亦無如之何眞令人恨恨雖然若其人品之高文辭之妙則豈七賢之所可及哉

○○○琴賦

白虎通曰琴者禁也禁人邪惡歸於正道故謂之琴余謂琴者心也琴者吟也所以吟其心也人知口之吟不知手之吟知口之有聲而不知手亦有聲也如風撼樹但見樹鳴謂樹不鳴不可也謂樹能鳴亦不可此可以知手之有聲矣聽者指謂琴聲是猶指樹鳴也不亦泥歟尸子曰舜作五絃之琴以歌南風曰

南風之薰兮，可以解吾民之慍兮，因風而思民慍，此舜心也，舜之吟也。微子傷殷之將亡，見鴻鴈高飛，援琴作操，不敢鳴之於口，而但鳴之於手，此微子心也，微子之吟也。文王既得后妃，則琴瑟以友之，鍾鼓以樂之，向之展轉反側，寤寐思復者，遂不復有，故其琴爲關雎，而孔子讀而贊之曰：關雎樂而不淫，言雖樂之過矣，而不可以爲過也。此非文王之心乎？非文王其誰能吟之？漢高祖以雄才大略取天下，喜仁柔之太子既有羽翼，可以安漢，又悲趙王毋子屬在呂后無以自全故其倚瑟而歌鴻鵠雖泣下霑襟而其聲慷慨實有慨耕之色非漢高之心乎非漢高又孰能吟之由此觀之同一心也同一吟也乃謂絲不如竹竹不如肉何也夫心同吟同則自然亦同乃又謂漸近自然又何也豈非叔夜所謂未達禮樂之情者耶故曰言之不足故歌咏之歌咏之不足故不知手之舞之康亦曰復之不足則吟詠以肆志吟咏之不足則寄言以廣意傅仲武舞賦云歌以詠言舞以盡意論其詩不如聽其聲聽其聲不如察其形以意盡於

舞形察於聲也由此言之有聲之不如無聲也審矣盡言之不如盡意又審矣然則謂手爲無聲謂手爲不能吟亦可唯不能吟故善聽者獨得其心而知其深也其爲自然何可加者而孰云其不如肉也耶吾又以是觀之同一琴也以之彈於袁孝尼之前聲何夸也以之彈於臨絕之際聲何慘也琴自一耳心固殊也心殊則手殊手殊則聲殊何莫非自然者而謂手不能二聲可乎而謂彼聲自然此聲不出於自然可乎故蔡邕聞絃而知殺心鍾子聽絃而知流水師

曠聽絃而識南風之不兢蓋自然之道得手應心其妙固若此也

〇〇〇幽憤詩

康誥獄明安無罪此義之至難者也詩中多自責之辭何哉若果當自責此時而後自責晚矣是畏死也既不畏死以明友之無罪又復畏死而自責吾不知之矣夫天下固有不畏死而爲義者是故終其身樂義而忘死則此死固康之所快也何以自責爲也亦猶世人畏死而不敢爲義者終其身寧無義而自不

有以義而爲朋友死也，則亦無自責時矣。朋友君臣，莫不皆然。並未有託孤寄命之臣，既許以死，乃臨死而自責者，好善闇人之云，豈別有所指而非以指呂安乎否耶？當時太學生三千人同日伏闕上書以爲康請，則康益可以死而無責矣。鍾會以反虜乘機害康，豈康尚未之知，而猶欲頤性養壽，改絃易轍於山阿巖岫之間耶？此豈稽康順性養壽時也？余謂叔夜何如人也，臨終奏廣陵散，必無此紛紜自責錯謬幸生之賤態，或好事者增飾於其間耶？覽者自能辨之

○酒德頌

法言曰、螟蛉之子、蜾蠃祝之曰、類我類我、久則肖之矣、速哉七十子之肖仲尼也、李軌曰、螟蛉、桑蟲、蜾蠃蜂蟲、蜂蟲無子、取桑蟲蔽而殪之、幽而養之、祝曰、類我、久則化成蜂蟲矣、此頌唯結語獨新妙、非法言引用意、讀者詳之、今人言養子爲螟蛉子、卽此、然則道學先生禮法俗士、擧皆蜂蟲之螟蛉子哉、猶自謂二豪、悲歟、

○○思舊賦

向秀思舊賦只說康高才妙技而已夫康之才之技亦今古所有但其人品氣骨則古今所希也豈秀方圖自全不敢盡耶則此賦可無作也舊亦可無爾思矣秀後康死不知復活幾年今日俱安在也康猶爲千古人豪所歎而秀則已矣誰復更思秀者而乃爲此無益算計也邪且李斯歎東門比擬亦大不倫竹林七賢此爲最無骨頭者莫曰先輩初無臧貶七賢者也

楊升菴

余讀先生文集有感焉夫古之　聖賢其生也不易其死也不易生不易故生而人皆仰死不易故死而人爾思於是乎前而生者猶冀有待於後並後而生者又每歎恨於後時同時而生者又每每比之如附驥比之如附青雲則聖賢之生死固大矣余讀先生文集欲求其生卒之年月而不得也遍閱諸序文而序文又不載彼蓋以爲序人之文只宜稱贊其文云耳亦猶序學道者必大其道敘功業者必大其功敘人品者必表揚其梗槩而豈知其不然乎蓋所謂文集

者謂其人之文的然必可傳於後世然後集而傳之也則其人之文當皎然如日星之炳煥凡有目者能覩之矣而又何藉於叙贊乎彼叙贊不已贅乎况其人或未必能文則又何以知其文之必可傳而遂贊而序之以傳也故愚嘗謂世之叙文者多其無識孫子欲借他人位望以光顯其父祖耳不然則其勢之不容以不請而又不容以不文辭者也夫文而待人以傳則其文可知也將誰傳之也若其不敢不請又不敢辭則叙文者亦只宜直述其生卒之日與生平

之次第，使讀者有考焉，斯善矣。吁！先生人品如此，道德如此，才望如此，而終身不得一試，故發之於文，無一體不備，亦無備不造，雖游其門者，尚不能贊一辭，况後人哉！余是以竊附景仰之私，欲考其生卒始末、履歷之詳，如昔人所謂年譜者，時時置凡案間，儼然如游其門，躡而從之。而序集皆不載，以故恨也。况復有矮子者，從風吠聲，以先生但可謂之博學人焉，尤可笑矣。

蜻蛉謠

古今人情一也古今天下事勢亦一也其也從少至
老原情論勢不見有一人同者故予每每驚訝以爲
天何生我不祥如此乎夫人性不甚相遠而予獨不
同非不祥而何余初仕時親見南倭北虜之亂矣最
後入滇又熟聞土官猺獞之變矣大槩讀書食祿之
家意見皆同以余所見質之不以爲狂則以爲可殺
也今讀先生集記姜公事姜公之心正與予合而先
生取之如此則知先生唯不刑刑必爲姜公無疑矣
生雖後時見符前哲亦可以證予生之非不祥也因

喜錄此

○○○唐貴梅傳

升菴先生孝烈婦唐貴梅傳曰、烈婦、姓唐、名貴梅、池州貴池人也、笄年適朱、夫貧且弱、有老姑者、悍而淫、少與徽州冨商有私、弘治中、冨商復至池見婦悅之、密以金帛賂姑、姑利其有誨婦淫者以百數、弗聽、迫之亦弗聽、加以箠楚、又弗聽、繼以炮烙、體無完膚、終不聽、姑乃以婦不孝訟於官、通判慈谿毛玉受賂、倍加刑焉、婦幾死、然終不聽也、商猶慕其色、令姑保出之、親黨咸勸婦曰、何不吐實、婦曰、若然、全吾名而汙吾姑乎、乃夕易衽襴、維經於後園古梅樹下、姑不知也、及旦手持桑杖將入室挺之、且罵且行、曰惡奴早從我言、得金帛享快樂、今定何如也、入室無見、尋至樹下、乃知其死、因大慟哭、親黨咻曰、生既以不孝訟死、乃稱嫗心、何以慟哭爲、姑曰、婦在、吾猶有望婦死、商人必倒贓、吾是以哭、非哭惡奴也、尸懸於樹三日顏如生、樵夫牧兒見者咸墮淚、每歲梅月之下、隱隱見其形、有司以府官故、終不敢舉節、余舅氏喻士積灣遊至池聞其事作詩弔之歸屬愼爲傳其事嗚呼婦生不辰遭此悍姑生以梅爲名死於梅之株氷操霜清梅乎何殊既孝且烈汗青宜書有司失職咄哉可吁乃爲作傳以附露筋碑之尉卓吾子曰先王教化只可行於窮鄉下邑而不可行於冠裳濟濟之名區只可行於三家村裡不識字之女兒而不可行於素讀書而居民上者之君子池州通判毛玉非素讀書而居民上之君子乎慈谿爲縣又非毛玉所產之巨邑名區乎今通判貪賄而死逼孝烈以淫素讀書

而沐教化者如此。孝烈唐貴梅寧死而不受辱，未曾。讀書而沐聖教者如彼。則先王之教化亦徒矣。孝烈二字，楊太史特筆也。夫貴梅之死烈矣，於孝何與？蓋貴梅所以寧死而不自白者，以姑之故也。不然，豈其不切齒痛恨於賄囑之商，而故忍死以為之諱哉？書曰孝烈婦，當矣。死三日而尸，猶懸顔如生，衆人雖知，而終不敢舉。每歲之暮，白月黯，梅隱隱如見，猶冀有。知者乎，吁！今之官府，不但此等之死，不肯代白，縱有別項咨易表白者，亦必有勢與力而後可，孰知數千里之外無干與之人不用請求而遂以孝烈傳其事也楊太史當代名流有力者百計欲借一言以為重而不得今孝烈獨能得太史之傳以自昭明於百世孝烈可以死矣設使當其時貴池有賢者果能慨然白之於當道亦不過賜額掛匾了一故事耳矣其誰知重之乎自此傳出而孝烈之形吾知其不復重見於梅月之下也升菴之聞聞於其舅俞士積士積夙遊貴池親見其事曾為詩以弔之故升菴作傳具載士積見聞始末以士積可信也然則此傳不但孝烈

藉以彰顯，士積亦附以著名矣。傳豈徒作耶！嗟嗟！毛通判當日之爲，亦只謂貪其賄而人莫知也，貴梅已死而誰爲白也，孰知不白於貴池而卒白於新都乎！今升菴文集盛行於世，夫誰不知傳其事於此集之中者，貴池人士咸知有贓吏毛玉受賄而殺逼孝烈以淫也，慈谿人士亦咸知有鄉官毛玉受賄而殺逼孝烈以淫也。毛玉唯無孫子則已，苟有子則必不敢認毛玉以爲父，苟有孫則必不敢認毛玉以爲祖矣。蓋同鄉少年傾慕太史之日久矣，讀其書，閱其事，則必私相告語私相告語未有不竊笑而背罵者矣毛玉之心本欲多積金錢以遺其孫子使孫子感已也又安知反使孫子不敢認已也哉太史之傳嚴於先王之教化明矣余謂此傳有裨於世教者弘也故復亟讀而詳錄之以爲孝烈之外傳云

○○茶夾銘

唐右補闕綦毋旻著代茶飲序云釋滯消壅一日之利暫佳瘠氣耗精終身之害斯大獲益則歸功茶力貽害則不謂茶災予讀而笑曰釋滯消壅清苦之益

寬多瘠氣耗精情慾之害最大獲益則不謂茶力自害則反謂茶災吁是怨已責人之論也乃銘曰我老無朋朝夕唯汝世間清苦誰能及子逐日子飯不辯幾鍾每夕子酌不問幾許夙興夜寐我願與子終始子不姓湯我不姓李總之一味清苦到底

○○○李白詩題

升菴曰白集謝東山故自號東山李白杜子美云汝與東山李白好是也劉昫修唐書乃以白為山東人遂致紛紛耳因引曾子固稱白蜀郡人而取成都志

謂白生彰明縣之青蓮鄉以實之卓吾曰蜀人則以白爲蜀産隴西人則以白爲隴西産山東人又借此以爲山東産而修入一統志蓋自唐至今然矣今王元美斷以范傳正墓志爲是曰白父客西域逃居綿之巴西而白生焉是謂實録嗚呼一个李白生時無所容入死而千百餘年慕而爭者無時而已余謂李白無時不是其生之年無處不是其生之地亦是天上星亦是地上英亦是巴西人亦是隴西人亦是山東人亦是會稽人亦是潯陽人亦是夜郎人死之處

亦榮生之處亦榮流之處亦榮囚之處亦榮不遊不囚不流不到　處讀其書見其人亦榮亦榮莫爭莫爭

○○○伯夷傳

眞西山云此傳姑以文取楊升菴曰此言甚謬若道理有戾即不成文文與道豈二事乎益見其不知文也本朝又有人補訂伯夷傳者異哉又曰朱晦翁謂孔子言伯夷求仁得仁又何怨今太史公作伯夷傳滿腹是怨此言殊不公也卓吾子曰何怨是夫子說是怨是司馬子長說翻不怨以爲怨文爲至精至妙

也何以怨怨以暴之易暴怨虞夏之不作怨適歸之無從怨周土之薇之不可食遂含怨而餓死此怨曷可少也今學者唯不敢怨故不成事

○岳王弁施全

宋贈鄂王岳飛謚忠武其文曰李將軍口不出辭聞者流涕藺相如身雖已死凜然猶生又曰易名之典雖行議禮之言未一始爲忠愍之號旋更武穆之稱獲覩中興之舊章灼知皇祖之本意爰取危身奉上之實仍采戡定禍亂之文合此兩言節其一惠昚孔

明之志與漢室子義之光復唐都雖計效以或殊在秉心而弗異垂之典刑何嫌古今之同辭賴及子孫將與山河而並久楊升菴曰今天下岳祠皆稱武穆此未定之謚也當稱忠武爲宜又曰朱文公云舉世無忠義這些正氣忽自施全身上發出來故續綱目書施全刺秦檜不克而死亦文公遺意也近有人云今之岳祠多鑄賊檜像跪縛門外當更鑄施全像立在左持刀砍檜乃得李卓吾曰此論甚當甚有益風教倘禮官言官有上一疏則忠武之謚曉然於百世

旌全之忠暴白於聖朝矣不然人人未得知也

○○張千載

廬陵張千載字毅甫別號一鶚文山之友也文山貴時屢辟不出及文山自廣敗還至吉州城下千載潛出相見曰丞相往燕千載亦往往即寓文山囚所近側三年供送飲食無缺又密造一櫝文山受命日即藏其首訪知夫人歐陽氏在俘虜中使火其屍然後拾骨置囊并櫝南歸付其家安葬是日文山之子夢其父怒曰繩鉅未斷其子驚覺遽啟視之果有繩束

其髮、李卓吾既書其事遂爲之贊曰、不食其祿而受其縛、一繩未斷、如錐刺腹、生當指冠、死當怒目、張氏何人、宣囊弁櫝、生死交情、千載一鶚

○○李涉贈盜

唐李涉贈盜詩曰、相逢不用相迴避、世上如今半是君、劉伯溫詠梁山泊分贓臺詩云、突兀高臺累土成、人言聚客此分贏、飲泉清節今寥落、何但梁山獨擅名、漢書云、吏皆虎而冠、史記云、此皆劫盜而不操戈矛者、李卓吾曰、此皆操戈矛而不畏官兵捕盜者、因

郤得盜贈官吏亦有詩一首并錄附之未曾相見心相識敢道相逢不識君一切蕭何今不用有賍擅到後堂分冐憐我等夜行苦坐者十三行十五若謂私行不是公我道無私公奚取君倚奉公戴虎冠誰得似君來路寬月有俸錢日有廪我等衣食何盤桓君若十五十三俱不許我得持彊分廪去驅我爲盜寧非汝

○封使君

古傳記言漢宣城郡守封邵一日化爲虎食郡民民

呼曰封使君，即去，不復來，其地謠曰，莫學封使君，生不治民，死食民。禺山有詩云，昔日封使君，化虎方食民，今日使君者，冠裳而噉人。又曰，昔日虎使君，呼之即慚止，今日虎使君，呼之動牙齒。又曰，昔時虎伏草，今日虎坐衙。太刻吞人畜，小不遺魚蝦。或曰，此詩太激，禺山曰，我性也。升菴戲之曰，東坡嬉笑怒罵皆成詩，公詩無嬉笑，但有怒罵耶。李卓吾復譏之曰果哉怒罵成詩也。升菴此言甚於怒罵

○宋統似胥

先生謂宋統似晉，予謂宋多賢君，晉無一主，劉宋藝
祖以比司馬炎何如也，唯其仁柔，是以怯弱，然愛民
好士之報，天亦不爽矣，徽欽雖北轅，與懷愍青衣行
酒，跣足執蓋，貰大逕庭，天之厚宋，亦可知也，唐雖稍
得，然無主　　箇箇出丞自五丁開道以來，巴蜀遂
爲唐帝逃竄　　已大不侔矣，故謂宋比漢不
得，則可，謂比唐不得，則不可，況比晉乎，晉之司馬懿
一名柔奸家奴也，更加以司馬師之強悍，司馬昭之
弒奪，而何可以比藝祖，司馬炎，一名得志狹邪也，更

濟以賈南風之淫妬，問公私之蝦蟆，而何可以比太宗？況仁宗四十年恭儉哉！神宗勵精有爲哉！所恨宋主無一剛耳，故予謂唐宋一也。比之晉則已甚。若康節不答國祚之問，唯取架上晉紀以示，見徽欽事符懷愍，南渡事似江東，非以是遂爲晉比也。

○逸少經濟

先生謂逸少識慮精深，有經濟才，而爲書名所蓋。後世但以翰墨稱之。藝之爲累大哉！卓吾子曰：藝又安能累人？凡藝之極精者，皆神人也，況翰墨之爲藝哉！

先生偏矣。或曰：先生蓋自寓也。

○孔北海

北海大志直節，東漢名流，而與建安七子並稱，駢賓王勁辭忠憤，唐之義士，而與垂拱四傑爲列，以文章之末技，而掩其立身之大閑，可惜也。卓吾子曰：文章非末技，大閑豈容掩？先生差矣。或曰：先生皆自況也。

∴經史相爲表裡

經史一物也。史而不經，則爲穢史矣，何以垂戒鑑乎？經而不史，則爲說白話矣，何以彰事實乎？故春秋一經春秋一時之史也詩經書經二帝三王以來之史也而易經則又示人以經之所自出史之所從來爲道屢遷變易匪常不可以一定執也故謂六經皆史可也

〇鍾馗卽終葵

楊升菴曰考工記云大圭首終葵注終葵椎也齊人名椎曰終葵蓋言大圭之首似椎也金石錄以爲晉宋人名夫以終葵爲名矣後又訛爲鍾馗俗又畫一神像帖於門首執椎以擊鬼好怪者便傅會說鍾馗

能啖鬼畫士又作鍾馗元夕出遊圖又作鍾馗嫁妹
圖文士又戲作鍾馗傳言鍾馗爲開元進士明皇夢
見命工畫之按孫逖張說文集有謝賜鍾馗畫表先
於開元久矣亦如石敢當急就章中虚擬人名也俗
便立石於門書太山石敢當文人亦作石敢當傳昧
者相傳便謂眞有其人矣卓吾子曰莫怪他謂眞有
其人也此物比眞人還更長久也且先生又安知不
更有鍾馗其人乎終葵二字亦是後人名之耳後人
可以名終葵又後人獨不可以名鍾馗乎假則皆假

眞則皆眞、先生勿太認眞也、先生又曰、蘇易簡作文
房四譜云、虢州歲貢鍾馗二十枚、愼按硯以鍾馗名
亦即考工記終葵大圭之義、蓋硯形如大圭耳、李卓
吾曰、蘇易簡又以進士鍾馗而訛呼石爲鍾馗矣、硯
石爲鍾馗、鍾馗爲進士、進士爲大圭首、大圭首爲椎
終之一椎而已、先王勿勞也

○段善本琵琶

唐貞元中、長安大旱、詔移兩地祈雨、街東有康崑崙
琵琶號爲第一手、自謂街西無已敵也、登樓彈新翻

調綠腰、及度曲、街西亦出一女郎抱樂器登樓彈之移在楓香調中、妙技入神、崑崙大驚、請與相見欲拜之爲師、女郎更衣出乃莊嚴寺段師善本也、德宗聞知、召加獎賞、卽令崑崙彈一曲、段師曰、本領何雜耶、兼帶邪聲、崑崙拜曰、段師、神人也、德宗詔授康崑崙、段師奏曰請崑崙不近樂器十數年、忘其本領、然後可授、卓吾子曰、至哉言乎、學道亦若此矣、凡百皆若此也、讀書不若此、則不如不讀、作文不若此、則不如不作、功業不若此、則未可言功業、人品不若此、亦安

得謂之人品乎、摠之鼠竊狗偷云耳、無佛處稱尊、康崑崙之流也、何足道、何足道

○樊媺碑後

鐫石、技也、亦道也、文惠君曰、嘻、技蓋至此乎、庖丁對曰、臣之所好者道也、進乎技矣、是以道與技爲二、非也、造聖則聖、入神則神、技卽道耳、技至於神聖、所在之處、必有神物護持、而况有識之人歟、且千載而後人猶愛惜、豈有身親爲之、而不自愛惜者、石工書名、自愛惜也、不自知其爲石工也、神聖在我、技不得賤

矣否則讀書作文亦賤也寧獨鐫石之工乎雖然劉武良以精鐫書名可也今世鐫工又皆一一書名碑陰何哉學步失故盡相習以謂當然可笑矣故雕鐫者工則書鐫者姓名碑蓋精鐫而傳也鐫者或未甚工而所鐫之字與其文或其人之賢的然必傳於世則鐫石之工亦必鐫石以附之所謂交相附而交相傳也蓋技巧神聖人自重之能爲人重則必借重於人然元祐奸黨碑石工常安民乃懇求勿鐫姓名於其後又何耶

○詩畫

東坡先生曰、論畫以形似、見與兒童隣、作詩必此詩、定知非詩人、升菴曰、此言畫貴神、詩貴韻也、然其言偏、未是至者、晁以道和之云、畫寫物外形、要物形不改、詩傳畫外意、貴有畫中態、其論始定、卓吾子謂改形不成畫、得意非畫外、因復和之曰、畫不徒寫形、正要形神在、詩不在畫外、正寫畫中態、杜子美云、花遠重重樹、雲輕處處山、此詩中畫也、可以作畫本矣、唐人畫桃源圖、舒元輿爲之記云、煙嵐草木、如帶香氣、熟視詳玩自覺骨戛青玉身入鏡中此畫中詩也絕藝入神矣吳道子始見張僧繇畫曰浪得名耳已而坐臥其下三日不能去庾翼初不服逸少有家雞野鶩之論後乃以爲伯英再生然則入眼便稱好者決非好也決非物色之人也況未必是吳之與庾而何可以易識噫千百世之人物其不易識總若此矣

○○○黨籍碑　千古至言夫誰得知

安石誤國之罪本不容誅而安石無誤國之心天地可鑒主意於誤國而誤國者殘賊之小人也不待誅

也主意利國而誤國者孰抝之君子也尚可憐也卓吾曰公但知小人之能誤國而不知君子之尤能誤國也小人誤國猶可解救若君子而誤國則未之何矣何也彼蓋自以爲君子而本心無愧也故其膽益壯而志益决孰能止之如朱夫子亦猶是矣故予每云貪官之害小而清官之害大貪官之害但及于百姓清官之害幷及于兒孫余每每細查之百不失一也

○○無所不佩

王逸曰行清潔者佩芳德光明者佩玉能解結者佩觿能决疑者佩玦故孔子無所不佩也李卓吾曰道學原重外飾葢自古然矣而豈知聖人之不然乎古者男子出行不離劍佩遠行不離弓矢日逐不離觿玦佩玉名爲隨身之用事親之物其實思患豫防文武兼設可使由而不可使知之道也與丘田寓兵同括矣意不在文飾特假名爲飾耳後人昧其實也以是爲美飾而矜之務內者從而生厭曰是皆欲爲侈靚者何益之有故於今並不設備而文武遂判非但

文士不知武備至於武人居常走謁亦效文裝矣寛衣博帶雍雍如也肅肅如也一旦有儆豈特文人束手武人亦寧可用耶

○○荀卿李斯吴公

升菴先生曰以荀卿大儒而弟子有焚書坑儒之李斯以李斯爲師而弟子有治行第一之吴公人之賢否信在自立不係師友也卓吾子曰能自立者必有骨也有骨則可藉以行立苟無骨雖百師友左提右挈其奈之何一刻無人一刻跕不得矣然既能行立

則自能奔走求師，如顔曾輩之於孔子然，謂其不傚師友亦非也

○○宋人譏荀卿

宋人謂卿之學不醇，故一傳於李斯，即有坑儒焚書之禍，夫弟子爲惡而罪及師，有是理乎，若李斯可以累荀卿，則吳起亦可以累曾子矣，鹽鐵論曰，李斯與苞丘子同事荀卿，而苞丘子修道白屋之下，卓吾子曰，使李斯可以累荀卿，則苞丘子亦當請封荀子矣

○○季文子三思

文子相三君，其卒也，無衣帛之妾，食粟之馬，無重器備，左氏侈然稱之，蕢東發曰：行父怨歸父之謀去三家，至掃四大夫之兵以攻齊，方公子遂弑君立宣公，行父不能討，反爲之再如齊納賂焉，又帥師城莒之諸鄆二邑以自封殖，其爲妾馬金玉也多矣，是郎（即）王莽之謙恭也，時人皆信之，故曰：季文子三思而後行，夫子不然之，則曰：再思可矣，若曰：再，斯尚未能，何以云三思也，使能再思，不黨篡而納賂，專權而興兵，封殖以肥已矣，文公不得其辭，乃云思至于三，則私意起而反惑誠如其言則中庸所謂思之不得弗措也管子所謂思之思之又重思之思之不通鬼神將通之吳臣勸諸葛恪十思者皆非矣卓吾曰周公之聖唯在於思兼思而不合則夜以繼日一夜一日思又何止三也朱子蓋惑於聖人愼思之說遂以三思爲戒唯其戒三思是以終身不知聖人之愼思也我願學者千思萬思以思此愼思二字苟能得愼思之旨於千思萬思之中則可以語思誠之道矣區區一李文子何足以煩思慮乎

〇〇〇陳恒弑君

升菴先生曰孔子沐浴而朝於義盡矣胡氏乃云仲尼此舉先發後聞可也是病聖人之未盡也果如胡氏之言則不告於君而擅興甲兵是孔子先叛矣何以討人哉胡氏釋之於春秋朱子引之於論語皆未知此理也岳飛金牌之召或勸飛勿返師飛曰此乃飛反非檜反也始爲當於義矣李卓吾曰此固有激而爲者不必問其爲之果當也有激而言者不必問其能踐言與否也哀其志可也原其心可也置之

以爲天下後世之亂臣賊子懼可也何必說盡道理
以長養亂賊之心乎若說非義則孔子沐浴之請亦
非義矣何也齊人弒君與魯何與也魯人尚無與又
何與於家居不得與聞政事之孔子也不得與而與
是出位之僭也明知哀公三子皆不可與言而言是
多言之窮也揔之爲非義矣揔之爲非義然揔之爲
出於義之有所激也揔之爲能使亂臣賊子懼也卽
孔子當日一大部春秋也何待他日筆削魯史而後
謂之春秋哉先正蔡虛齋有岳飛班師一論至今讀

之猶令人髮指冠目裂眦欲代岳侯殺秦檜滅金虜而後快也何可無此議論也明知是做不得說不得然安可無此議論乎安得無此議論乎

○○○王半山

半山謂荆軻豢於燕故爲燕太子丹報秦信斯言也亦謂呂尚豢於周故爲周伐紂乎相知在心豈在豢也半山之見醜矣且荆卿亦何曾識燕丹哉只無奈相知如田光者薦之於先又繼以刎頸送之於後耳荆卿至是雖欲不死不可得矣故余有詠荆卿一首

云荊卿原不識燕丹，祇爲田光一死難，慷慨悲歌爲擊筑，蕭蕭易水至今寒，又有詠侯生二首云，夷門畫策却秦兵，公子奪符出魏城，上客功成心遂死，千秋萬歲有侯嬴，又晉鄙合符果自疑，揮鎚運臂有屠兒，情知不是信陵客，刎頸迎風一送之，蓋朱亥於公子，相知不深，又值侯生功成名立之際，遂以死送之耳，雖以死送公子，實以死送朱亥也，醜哉宋儒之見，彼豈知英雄之心乎，蓋古人貴成事，必殺身以成之，捨不得身，成不得事矣，

○爲賦而相灌輸

爲賦二字甚明，何說未明也。蓋爲賦而相灌輸，非爲商而相灌輸也。爲賦而相灌輸，即如今討戶納糧運租之類，爲商而相灌輸，乃是驅農民以效商賈之爲夫。既驅農民以效商矣，又將驅何民以事農乎？若農盡爲商，則田盡不闢，又將以何物爲賦而相輸灌也？曷不若令商自爲之而征其稅之爲便乎？農有租賦之入，商有征稅之益，兩利兼收，愚人亦知，而謂武帝不知耶？蓋當時霍子孟輩已不曉桑大夫均輸之法

之善矣何況班孟堅哉俗士不可語於政信矣

○文公著書

朱文公談道著書百世宗之然觀其評論古今人品誠有違公是而遠人情者王安石引用姦邪傾覆宗社也乃列之名臣錄而稱其道德文章蘇文忠道德文章古今所共仰也乃力詆之謂得行其志其禍又甚于安石夫以安石之姦則未減其已著之罪以蘇子之賢則巧索其未形之短此何心哉卓吾子曰文公非不知坡公也坡公好笑道學文公恨之直欲爲

洛黨出氣耳、豈其眞無人心哉、若安石、自宜取先生又曰、秦檜之姦、人皆欲食其肉、文公乃稱其有骨力岳飛之死、今古人心何如也、文公乃譏其橫、譏其直向前厮殺、漢儒如董如賈、皆一一議其言之疵、諸葛孔明、名之爲盜、又議其爲申韓、韓文公、則文致其大顛往來之書、亹亹千餘言、必使之不爲全人而後已、蓋自周孔而下、無一人得免者、憶文公詆毀譽章云聖人善善速而惡惡則已緩矣、又曰、但有先褒之善而無預詆之惡、信斯言也、文公於此、惡得爲緩乎、無乃自蹈於預詆人之惡也、卓吾子曰此俱不妨但要說得是耳、一蘇文忠尚不知而何以議天下之士乎文忠困阨一生盡心盡力幹辦國家事一生據其生平了無不幹之事、亦了不見其有幹事之名但見有嬉笑遊戲翰墨滿人間耳、而文公不識則文公亦不必論人矣

○闇然堂類纂引

闇然堂類纂者何潘氏所纂以自爲鑒戒之書也、余讀而善之而目力竭于旣老故復錄其最者以自鑒

戒焉。夫余之別潘氏多年矣，其初直爲是木訥人耳，不意其能剛也。大抵二十餘年以來，海内之友寥落如辰星，其存者或年往志盡，則日暮自倒，非有道而塞變，則卷舒猶未定也。其行不掩言，往往與卓吾子相類。乃去華之于今日，其志益堅，其氣益實，其學愈造，而其行益修，斷斷乎可以托國托家而托身也，非其暗室屋漏闇然自修，不忘鑒戒，安能然乎？設余不見去華，幾失去華也。余是以見而喜，去而思，思而不見，則讀其書以見之，且以示余之不忘鑒戒，亦願如去華也夫鑒戒之書自古有之何獨去華蓋去華此纂皆耳目近事時日尚新聞見罕接非今世人士之所常談譬之時文當時則趨適則頑文譬之於曲則新腔於詞則別調於律則切響夫誰不側耳而傾聽乎是故喜也喜則必讀讀則必鑒必戒

○朋友篇

去華友朋之義最篤故是纂首纂篤友誼夫天下無朋久矣何也舉世皆嗜利無嗜義者嗜義則視死猶生而況幼孤之託身家之寄嗜利則雖生猶死則凡

攘臂而奪之食，下石以滅其口，皆其能事矣。今天下之所稱友朋者，皆其生而猶死者也，此無他，嗜利者也，非嗜友朋也。今天下曷嘗有嗜友朋之義哉！既未嘗有嗜義之友朋，則謂之曰無朋可也。以此事君，有何賴焉。

〇〇〇 阿寄傳

錢塘田豫陽汝成有阿寄傳。阿寄者，淳安徐氏僕也。徐氏昆弟，別產而居，伯得一馬，仲得一牛，季寡婦得寄。寄年五十餘矣。寡婦泣曰：馬則乘，牛則耕，踉蹌老

僕乃背吾恭羨阿寄數曰、噫、主謂我力不牛馬若邪
乃盡策營生、示可用狀、寡婦悉簪珥之屬、得金一十
二兩畀寄、寄則入山販漆、期年而三其息、謂寡婦曰、
主無憂、富可立致矣、又二十年而致產數萬金、爲寡
婦嫁三女、婚兩郎、齎聘皆千金、又延師教兩郎、皆輸
粟入太學、而寡婦阜然財雄一邑矣、頃之、阿寄病且
革、謂寡婦曰、老奴馬牛之報盡矣、出枕中二楮、則家
計巨細悉均分之、曰以此遺兩郎君、言訖而絕、徐氏
諸孫或疑寄私蓄者、竊啟其篋、無寸絲粒粟之儲焉

一、嫗一、兒僅敝縕掩體而已、予蓋聞之俞鳴积又曰、阿寄老矣見徐氏之族雖幼必拜騎而遇諸途、必控勒將數百武以爲常見主母不覥視、女雖幼、必傳言、不離立也若然則縉紳讀書明禮義者、何以加諸、以此心也、奉其君親、雖謂之大忠純孝可也、去華曰阿寄之事主母、與李元之報生父何以異、予尤嘉其終始以僕人自居也、三讀斯傳、起愛起敬、以爲臣子而奉君親者能如是吾何憂哉李卓吾曰、父子、天性也子而逆天、天性何在、夫兒尚不知有父母尚不念舊者乳哺顧復之恩矣，而奴反能致孝以事其主。然則其天定者雖奴亦自可託，而況友朋？雖奴亦能致孝，而況父子？彼所謂天性者，不過測度之語；所謂讀書知孝弟者，不過一時無可奈何之辭耳。奴與主何親也？奴於書何嘗識一字也？是故吾獨於奴焉三歎，是故不敢名之爲奴，而直曰我以上人，且不但我以上人也。彼其視我正如奴矣，何也？彼之所爲，我實不能也。

○○○孔明爲後主寫申韓管子六韜

唐子西云，人君不論撥亂守文，要以制略爲貴。六韜述兵權多奇計，管子愼權衡貴輕重，申韓覈名實攻事情，施之後主正中其病，藥無高下，要在對病，萬全良藥，與病不對，亦何補哉。又觀古文苑載先主臨終勅後主之言曰：申韓之書，益人意智，可觀誦之。三國志載孟孝裕問郤正太子，正以虔恭仁恕答，孝裕曰：如君所道，皆家門所有耳，吾今所問，欲知其權略知調何如也。由此觀之，孔明之喜申韓審矣。然謂其爲對病之藥，則未敢許。夫病可以用藥，則用藥以對病

爲功苟其用藥不得則又何病之對也劉禪之病[illegible]
關繫閉口噤不開無所用藥者也而問對病與否可
歟且申韓何如人也彼等原與儒家分而爲六既分
爲六則各自成家各自成家則各各有一定之學術
各各有必至之事功舉而措之如印印泥走作一點
不得也獨儒家者流汎濫而靡所適從則以所欲者
衆耳故汲長孺謂其內多欲而外施仁義而論六家
要指者又以博而寡要勞而少功八字蓋之可謂至
當不易之定論矣孔明之語後主曰苟不伐賊王業

亦亡，與其坐而待亡，孰與伐之，是孔明已知後主之必亡也。而又欲速戰以幸其不亡，何哉？豈謂病雖不得藥，而藥終不可不進，以故猶欲僥倖於一逞乎？吾恐司馬懿、曹眞諸人尚在，未可以僥倖也。六出祁山，連年動衆，驅無辜赤子，轉鬬數千里之外，既欲愛民，又欲報主，自謂料敵之審，又不免幸勝之貪，卒之勝不可幸，而將星於此乎終隕矣。蓋唯其多欲，故欲兼施仁義；唯其博取，是以無功徒勞。此八字者，雖孔明大聖人不能免於此矣。愚嘗論之，成大功者，必不顧後患故功無不成商君之於秦吳起之於楚是矣而儒者皆欲之不知天下之大功果可以顧後患之心成之乎否也吾不得而知也顧後患者必不肎成天下之大功莊周之徒是已是以寧爲曳尾之龜而不肎受千金之幣寧爲濠上之樂而不肎任楚國之憂而儒者皆欲之於是乎又有居朝廷則憂其民處江湖則憂其君之論不知天下果有兩頭馬乎否也吾又不得而知也墨子之學術貴儉雖天下以我爲不拔一毛不恤也商子之學術貴法申子之學術貴

術、韓非子之學術兼貴法術、雖天下以我爲殘忍刻
薄不恤也、曲逆之學術貴詐、儀秦之學術貴縱橫、雖
天下以我爲反覆不信不恤也、不憚五就之勞以成
夏殷之績、雖天下後世以我爲事兩主而兼利、割烹
要而試功、立太甲而復反、可也、此又伊尹之學術以
任而直謂之能忍詢焉者也、以至譙周、馮道、諸老寧
受祭器歸晉之謗、歷事五季之恥、而不忍無辜之民
日遭塗炭、要皆有一定之學術、非苟苟者、各周於用、
總足辦事、彼區區者欲選擇其名實俱利者而兼之

得乎此無他名教累之也，以故瞻前慮後，左顧右盼，自已既無一定之學術，他日又安有必成之事功耶，而又好說時中之語以自文，又況依倣陳言，規跡往事，不敢出半步者哉，故因論申韓而推言之，觀者幸勿以爲予之言皆經史之所未嘗有者可也

李氏焚書卷之五

## 四言長篇

### ○○○讀書樂 并引

曹公云老而能學唯吾與袁伯業夫以四分五裂橫戈支戟猶能手不釋卷況清遠閒曠哉一老子耶雖然此亦難强余蓋有天幸焉天幸生我目雖古稀猶能視細書天幸生我手雖古稀猶能細書字然此未爲幸也天幸生我性平生不喜見俗人故自壯至老無有親賓往來之擾得以一意讀書天幸生我情平

生不愛近家人，故終老龍湖，幸免俯仰逼迫之苦，而又得以一意讀書，然此亦未爲幸也。天幸生我心眼，開卷便見人，便見其人終始之槩。夫讀書論世，古多有之，或見皮面，或見體膚，或見血脉，或見筋骨，然至骨極矣。縱自謂能洞五臟，其實尚未刺骨也。此余之自謂得天幸者一也。天幸生我大膽，凡昔人之所忻艷以爲賢者，余多以爲假，多以爲迂腐不才而不切于用；其所鄙者、棄者、唾且罵者，余皆的以爲可託國託家而託身也。其是非大戾昔人如此，非大膽而何？

此又余之自謂得天之幸者二也。有此二幸，是以老而樂學，故作讀書樂以自樂焉。

天生龍湖，以待卓吾；天生卓吾，乃在龍湖。龍湖卓吾，其樂何如？四時讀書，不知其餘。讀書伊何？會我者多。一與心會，自笑自歌；歌吟不已，繼以呼呵。慟哭呼呵，涕泗滂沱。歌匪無因，書中有人；我觀其人，實獲我心。哭匪無因，空潭無人；未見其人，實勞我心。弃置莫讀，束之高屋，怡性養神，輟歌送哭。何必讀書，然後爲樂？乍聞此言，若憫不穀：束書不觀，吾何以歡？怡性養神，正在此間無界何窄，方册何寬，千聖萬賢與公何冤。有身無家，有首無髮，死者是身，朽者是骨，此獨不朽。願與偕殁，倚嘯叢中，聲震林鶻，歌哭相從，其樂無窮，寸陰可惜，曷敢從容。

五七言長篇

○○○富莫富於常知足

富莫富於常知足，貴莫貴於能脱俗，貧莫貧於無見識，賤莫賤於無骨力。身無一賢曰窮，朋來四方曰達，百歲榮華曰夭，萬世永賴曰壽。

解者曰常知足則常足故富能脫俗則不俗故貴無見識則是非莫曉賢否不分黑漆漆之人耳欲往何適大類貧兒非貧而何無骨力則待人而行倚勢乃立東西恃賴耳依門傍戶真同僕妾非賤而何身無一賢緩急何以窮之極也朋來四方聲應氣求達之至也吾夫子之謂矣舊以不知恥爲賤亦好以得志一時爲天九好然以流芳百世爲壽只可稱前後烈烈諸名士耳必如吾夫子始可稱萬世永賴無疆上壽也

○○九日同袁中夫看菊寄謝主人

去年花比今年盃，今年人比去年老。盡道人老不如舊，誰信舊人老亦好。秋菊總開舊歲花，人今但把新人誇。不見舊日龍山帽，至今猶其說孟嘉。去年我猶在陰山，今年爾復在江南。傷人錯指前身是，一是文殊一瞿曇。花開于我復何有？人生那堪逢重九。舉頭望見鍾山高，出門便欲跨牛首。袁生袁生攜我手，欲往何之仍掣肘。雖有謝公墩，朝朝長在門。雖有堦前塔，高高未出雲。褰裳緩步且相隨，一任秋光更設施。

天生我輩必有奇感君雅意來相期入門秋色上高堂烹茶爲具呼兒郎歡來不用登高去襆鼻迎風尊酒香子美空吟白髮詩淵明采采亦徒疲何如今日逢故知菊花共看未開時

○至日自訟謝主翁

明朝七十一今朝是七十長而無述焉既老復何益雖有讀書樂患失又患得患得患失是伊何去日已蹉跎患得是伊何來日苦無多聰明雖不逮精神未有害筆禿鋒鍣少指柔龍蛇在宛然一書生可笑亦可愛

且將朽死身暫作不死人所幸我劉友供饋不停手從者五七人素飽爲日久如此賢主人何愁天數九

○○○朔風謠

南來北去何時了爲利爲名無了時爲利爲名滿世間南來北去正相宜朔風三月衣裳單塞上行人忍凍難好笑山中觀靜者無端絕塞受風寒謂余爲利不知余謂渠爲名豈識渠非名非利一事無奔走道路胡爲乎試問長者眞良圖我願與世名利徒同歌帝力樂康衢

○○○題繡佛精舍

聞說澹然此日生澹然此日却爲僧僧寶世間猶時
有佛寶今看繡佛燈可咲成男月上女大驚小怪稱
奇事陡然不見舍利佛男身復隱知誰是我勸世人
莫浪猜繡佛精舍是天台天欲散花愁汝著龍女成
佛今又來

○○十八羅漢漂海偈

十八羅漢漂海第一胖漢利害失脚踏倒須彌拋散
酒肉布袋猶然嗔怪同行耍喫諸人四大咄天無底

地無益好箇極樂世界

○○十八羅漢遊戲偈

不去看經念偈，却來神通遊戲，自誇能殺怨賊，好意翻成惡意。咦！南無阿彌陀佛，春夏秋冬四季。

○哭耿子庸

楚國有一士，胸中無一字，令人讀漢書，便道頗有此。

其二

益並聰明者，非君竟誰與？所以羅盱江，平生獨推許。行年五十一，今朝眞死矣。君生良不虛，君死何曾死！

我是君之友，君是我之師，我年長於君，視君是先知。

君言吾少也，如夢亦如癡，去去學神仙，中道復棄之。

歸來山中坐，靜極心自怡，大事苟未明，兀坐空爾爲。

行行還出門，逝者在於斯，反照未生前，我心不動移。

仰天一長嘯，茲事何太奇，從此一聲雷，平地任所施。

開口向人難，誰是心相知。

其三

太眞終日語，東方容易談，本是閩越人，來此共閑閑。

君子有德音，聽之使人慚，白門追隨後，萬里丞滇南

移家恨已滿、敢曰青於藍、志士苦粧飾、直儒樂苟安、
誰君未免俗、令人坐長嘆、

其四

君心未易知、吾言何惻惻、大言北海若、小言西河伯、
縱言徵風入、疾言養叔射、麤言雜俚語、無不可思繹、
和光混俗者、見之但爭廣、浩氣滿乾坤、收斂無遺跡、
時來一鼓琴、與君共晨夕、已矣莫我知、雖生亦何益、

五言四句

○○宿吳門

秋深風落木清水半池荷驅馬向何去吳門客子

其二

屋有圖書潤庭無秋菊鮮應知彭澤令一夜不曾眠

同深有上人看梅

東閣觀梅去清尊怨未開徘徊天際暮獨與老僧來

又觀梅

雷雨驚春候寒梅次第開金陵有逸客特地看花來

鄭樓

谷口鄭子眞棲遲帀門裏小樓延上客酒酣猶未已

○薙髮

空潭一老醜，薙髮便為僧。願度恒沙衆，長明日月燈。

其二

有家真是累，混俗亦招愆。去去山中臥，晨興粥一甌。

其三

為儒已半世，貪祿又多年。欲證無生忍，盡拋妻子緣。

其四

大定非關隱，魂清自可人。而今應度者，不是宰官身。

○○○哭貲兒

水深能殺人胡爲浴[illegible]此欲眠眠不得念子千茲

其二

不飲又不醉子今有何疾呼遂不應痛恨此潭水

其三

骨肉歸故里童僕皆我去汝我如形影今朝唯我矣

○○哭黄安人

結髮爲夫婦恩情兩不牽今朝聞汝死不覺情悽然

其二

不爲恩情牽含悽爲汝賢反目未曾有齊眉四十季

其三

中表皆稱孝舅姑慰汝勞賓朋日夜往竈手事香醪

其四

慈心能割有約已善持家緣余貪佛去別汝八涯

其五

近水觀魚戲春山獨鳥啼貧交猶不棄何況糟糠妻

其六

冀缺與梁鴻何人可比蹤丈夫志四海恨汝不能從

○夜半聞鴈 有引

比歲以來老病日侵計不久矣夫余七十人也退思五
十以前抱此麤疎遨遊四海兼圖升斗以贍俯仰遇尺
寸以奉高尊人人皆視爲畏途余獨坦行闊步二十五載
不少一日遍交當世名流無空過者直至今日猶然念余
不舍也是世之所難者余之所易也及其解組入楚身
退矣名且隱矣可謂易而又易矣乃行畏途覺乎爰逃
空虛轉顛躓何邪豈非理之一不可曉者邪夫余執此道
以終始未嘗一毫改步也今難者反易易者反難雖余
亦自不知其故矣內實自傷故因聞鴈而遂賦之

孤鴻向北征、夜半猶哀鳴、哀鳴何所爲、欲我如鴻冥

其二

自有淩霄翮、高飛安不得、如何萬里行、又作淹留客、

其三

獨雁雖無依、羣飛尚有伴、可憐何處翁、兀坐生憂患

其四

日月湖中久、時聞冀北音、鴻飛如我待、鼓翼向山陰

後數歲余竟赴冀北、過山陰其詞卒驗

○莊純夫還閩有懷

乘龍人歸去、誰復到吾門、[illegible]暮多風雨、知子宿前村

其二

海物多奇錯、礪房味正清、大妻共食噉、不得到麻城

其三

三子皆聰明、必然早著聲、若能舉孝廉、取道過西陵

其四

七十古來稀、知余能幾時、君宜善自計、莫念出家兒

◎歲暮過胡南老

胡牀掛空壁、窮巷有深居、滿目繁華在、先生獨晏如

其二

河内著碑銘，瞿塘流頌聲。白手林下叟，隱隱作儀刑。

其三

四鄰簫管沸，大都為歲除。右看五馬貴，囊有一錢無。

其四

有席雖長穿，有册亦喜歡。圍蔬堪摘矣，不用一錢看。

（　）稐山寺夜坐

松風已可哀，蘿月復飛來。如何當此夜，萬里獨登臺。

○鄭子玄不顧雨雪之難，逕走潞河，欲尋舊交，予想

其或有嗟來也故作詩三章以慰其行

雨雪東南行貧交家上京當時孔北海極重鄭康成

右一章

四顧堪愁絕遮天一月雪恐抵張家灣難對貧交說

右二章

貧賤少親交許由故弃瓢許由千古少蒙袂且相招

右三章

○○○寓武昌郡寄眞定劉晉川先生

密密梧桐樹亭亭相與許中夜聞人聲疑是見君子

其二

芒種在今朝君行豈不遥農夫歡倒極雨立逆星軺

其三

細問去來者暮宿漢陽城三日望京山五日過西陵

其四

青翠滿池臺徒增静者哀一步一回遠君今去不來

其五

方我來歸日是君傾蓋時通玄信長者此海好男兒

其六

孝心何意氣夜半猶開門幸免窮途哭能忘一飯恩

其七

黄昏入夏口無計問劉琦假若不逢君流落安所之

其八

南國雷棠陰江城遺白叟君思用趙人猶憶江南否

塞上吟 時有倭警

乘槎欲問天只怕衝牛斗乘桴欲浮海又道蛟龍吼

賦松梅

二八誰家女曲彈塞上聲且莫彈此曲無家人難聽

其二

皎皎中秋月，無聲誰論價，有色兼有聲，松梅明月下。

○贈何心隱高第弟子胡時中

三日三渡江，胡生何忙忙，師弟恩情重，不忍見武昌。

、偈二首答梅中丞

本無家可歸，原無路可走，若有路可走，還是大門口。

其二

莫誇家裏富，家富令人醜，若實到家人，一毫亦無有。

、懷林答偈附

亦知都府内事事無不有只是從外來令人難長

六言四句

雲中僧舍芍藥

芍藥庭開兩朶經僧閣裏評論木魚暫且停手風送花香有情

其二

笑時傾城傾國愁時倚樹凭闌爾但一開兩朶我來萬水千山

士龍攜二孫同弱矦過余解粽

解粽正思端午，懷沙莫問汨羅。且喜六龍下食，因知二妙堪多。

其二

元方既難爲弟，季方又難爲兄。如此食糜自可，何必白日飛昇。

其三

我本老而好學，故隨眞人東行。兩家竝生才子，自然常聚德星。

其四

泗州說有大聖金陵亦有元城何似

二李先生

七言四句

○南池二首

濟漯相將日暮時此間乃有杜陵池三春花鳥猶堪賞千古文章只自知

其二

水入南池讀古碑任城爲客此何時從前𥂕爲作詩苦留得驚人杜甫詩

○太白樓

世事眞同水上浮，金龜好換酒家愁。山東李白今何在，城下唯瞻太白樓。

其二

天寶年間事已非，先生不隱又安歸。當時豪氣三千丈，傾國名花贈玉妃。

○恨菊

不是先生偏愛菊，清霜獨有菊花開。滿庭秋色無人見，敢望白衣送酒來。

○○○哭陸仲鶴

二十秊前此地分孤帆萬里出重雲滇南昔日君憐我白下今朝我哭君

其二

歲歲秊秊但寄書草萍消息竟何如巨卿未解山陽夢堊老那堪策素車

九日坪上

如鳥飛飛到處棲今秊九日在山西太行正是登高處無菊亦應有酒攜

其二

坪上無花有酒錢、慢將沽酒醉逃禪、若言不識酒中趣、可試登高一問天

其三

身在他鄉不望鄉、閒雲處處總淒涼、故人若問凉邊事、臥射坪田索酒嘗

除夕道場即事

衆僧齊唱阿彌陀、人在天涯歲又過、但道明朝七十誰知七十已蹉跎、

其二

坪上相逢意氣多、至人爲我飯樓那、燒燈熾炭紅如日、旅夕何愁不易過、

其三

白髮催人無奈何、可憐除夕不除魔、春風十日氷開後、依舊長流沁水波、

〻閉關

閉關正爾爲參禪、一任主人到客邊、無奈塵心猶不了、依然出戶拜新年、

、、元宵

元宵眞是可憐宵獨對孤燈坐寂寥不是齋居能養性嗔心幾被雪風搖

〇〇〇哭懷林

南來消息不堪聞腸斷龍堆日暮雲當日雖然扶病去來書已是細成文

其二

季少才情亦可誇暫時不見即天涯何當弃我先歸去化作楚雲散作霞

其三

夢中相見語依依忘却從前抱病歸四大已隨風火散去書猶囑寄秋衣

其四

季在桑榆身大同吾今哭子非龍鍾交情生死天來大絲竹安能寫此中

〇晉陽懷古

水決汾河趙已分孟談潛出間三軍如何智伯破亡後高赦無功獨首論

○過鴈門

盡道當關用一夫昔人曾此扞匈奴如今冒頓來稽顙李牧如前不足都

其三

千金一劒未曾磨陡上關來感慨多關下人稱真意氣關頭人說白頭何

渡桑閒

逢人勿問我何方信宿并州即我鄉明日桑閒橫渡去兩程又見梅衡湘

○初至雲中

錫杖朝朝信老僧，蒼茫山色樹層層。出門秖覺音聲別，不審身真到白登。

○贈兩禪客

孟嘗門下客三千，狗盜雞鳴絕可憐。自脫秦關歸去後，始知二子會參禪。

得上院信

盡事由來不可論，波羅忍辱是玄門。今朝接得龍湖信，立喚沙彌取水焚。

○重來山房贈馬伯時

一別山房便十季，親栽竹篠已參天。舊時季少唯君在，何處看山不可憐。

古道通三晉

黄河遠綴白雲間，我欲上天天不難。三晉誰去通古道，人今唯見太行山。

中州第一程

程程物色使人羞，同上中原第一樓。太行雖有推車路，千載人人到上頭。

○○詠史

荊卿原不識燕丹，秖爲田光一死難。慷慨悲歌唯擊筑，蕭蕭易水至今寒。

其二

夷門畫策却秦兵，公子奪符出魏城。上客功成心遂，歿千秋萬歲有侯嬴。

其三

晉鄙合符果自疑，揮鎚運臂有屠兒。情知不是信陵客，刎頸迎風一送之。

○却寄

一迴飛錫下江南，咫尺無由接笑談。却羨婆須蜜氏女，發心猶願見瞿曇。

其二

持鉢來歸不坐禪，遥聞高論却潸然。如今男子知多少，盡道官高即是仙。

其三

盈盈細抹隨風雪，點點紅粧帶雨梅。莫道門前車馬富，子規今已喚春回。

其四

聲聲喚出自家身生死如山不動塵欲見觀音今汝是蓮花原屬似花人

○喜楊鳳里到攝山

十年相守似兄弟一別三季如隔世今日還從江上來孤雲野鶴在山寺

其二

隱別龍湖才幾時天涯霜雪淨鬚眉君今復自龍湖至鬢裏有絲君自知

○山中得弱侯下第書

秣陵人去帝京遊，可是隋珠復暗投。昨夜山前雷雨作，傳君一字到黄州。

○○同周子觀洞龍梅

一枝斜倚古垣東，白首逢君出洞龍。莫怪花神爭笑語，周郎昨夜此山中。

○湖上紅白梅盛開戲題

始知春意屬開身，紅白相將入望頻。才到開時君又去，看花不是種花人。

○贈周人山

謾道男兒四海身百錢賣卜不愁貧即今欲上黃梅路誰把十金拋與人

○牡丹時

牡丹才記欲開時芍藥于今久離披可是山中無人到花開花謝總不知

其二

憶昔長安看花時牡丹獨有醉西施省中一樹花無數共計二百單八枝

五言八句

○初到石湖

皎皎空中石，結茅俯青溪。魚遊新月下，人在小橋西。入室呼尊酒，逢春信馬蹄。因依如可就，筇竹正堪攜。

○春宵燕集得空字

高館張燈夜，清尊興不空。故交來昨日，千里動春風。竹影寒塘下，歌聲細雨中。可憐新歲月，偏向舊衰翁。

中秋劉近城攜酒湖上

舉網澄潭下，凭闌看得魚。誰將從事酒，一問子雲廬。

水白沙鷗淨天空木葉疎中秋今夜月爾我獨躊躇

○秋前約近城鳳里到周子竹園

竹徑來三友清幽半在君拋書爲對客把酒好論文

青苔過雨後獨鶴向人羣攜手欲同去相看日未曛

其二

暑在人還倦竹深風自涼茶來頻我酌酒到與君嘗

徙倚窺馴鹿閒呼過短墻沉吟秋日近容易得相將

○環陽樓晚眺得碁字

不是環陽客何來席上碁推窻雲亦去俯檻月猶遲

水底魚龍醒，花間鳥鵲飢。眼看春又半，雖老亦忘疲。

重過曾家

冰肌仍帶雪，霜鬢更逢梅。花是去季白，人知何日回。一杯臨老客，三度隔牆開。無計就君住，明朝還復來。

送鄭子玄兼寄弱侯

我乃無歸處，君胡爲遠遊。窮途須痛哭，得意勿淹畱。旅鬢迎霜日，詩囊帶雨秋。薊門雖落莫，應念有焦侯。

○丘長孺生日

似君初度日，不敢少季看。百歲人間易，逢君世上難。

三杯生瑞氣一雨送春寒對客猶辭醉尊前有花[illegible]

○○謁關聖祠

交契得如君香烟可斷雲既歸第一義寧復俗

金石有時敝關張孰不聞我心無所似只是故

○○觀鑄關聖提刀躍馬像

英雄冉出𡈽烈烈有暉光火焰明初日金精照十方

居然圍白馬猶欲斬顔良豈料人千載又得見關王

○○秋懷

白盡餘生髮單存不老心栖栖非學楚切切爲交深

遠夢悲風送秋懷落木吟古來聽聽者或別有知音

○○○閑步

灌園看老圃秋色似江南畦沁蔬堪摘霜黄柿未甘

爾非陳仲子我豈老瞿曇聊共班荆坐憑君說兩三

○○立春喜常融二人至

客久歲云暮吾衰道自尊時辰催短速晷刻變寒溫

人賤時爭席神傷早閉門新春看爾到應念我猶存

○其二

正爾逢春日到來兩足尊偷生長作客僧臘始開門

淡淡梅初放、如如雪可吞、千三四百里、又是一乾坤

○○乾樓晚眺

呼册萬里外、拍手層霄間、塞晚浮烟重、天空歲月閒、斷雲迷古戍、落日照西山、幸有聲歌在、更殘且未還

○○其二

凭高一灑衣、望遠此何時、正是中元節、兼聽遊女悲、杯乾旋可酌、曲罷更題詩、願將北流水、彈與鍾子期

○○其三

中丞綏定後、攜我共登臨、所喜聞謠俗、非干懷壯心、

山雲低薄暮，樓日壓重陰。欲歸猶未可，此地有知音。

○○○贈利西泰

逍遙下北溟，迤邐向南征。剎剎標名姓，仙山紀水程。
回頭十萬里，舉目九重城。觀國之光未，中天日正明。

○○六月訪袁中夫攝山

懷人千佛嶺，避暑碧霞顛。試問山中樂，何如品外泉。
陰陰籐掛樹，隱隱日爲季。坐覺涼風至，披襟共灑然。

○○薜蘿園宴集贈鷗江詞伯

爲有玉田飯，任從金粟過。名園花樹早，小徑求羊多。

者若通玄理，焚香去染痾，宗族非曠蕩，若意在烟霞。

○望東平有感

我來齊竟上，弔古問東平。雨細河魚出，雲收山鳥鳴。天桃夾岸去，弱柳送春行。最樂誰堪比，唯君悟此生。

○○過聊城

誰道百夫長，勝作一書生。渤海新開府，中原盡點兵。倭夷兩步卒，廊廟幾公卿。不見魯連子，射書救聊城。

○○過武城

絃歌古渡口，經過欲停舟。並變人何往，神傷意不[illegible]

文章誇海岱，禮樂在春秋。堪笑延陵札，同時失子游。

〇〇其二

先師無戲論，一笑定千秋。白雪難同調，青雲誰見收。春風吹細草，明月照行舟。魯國多男子，幾人居上頭。

七言八句

〇〇自武昌渡江宿大別

疏鐘夜半落雲房，今夕何由見武昌。流水有情憐我老，秋風無恙斷人腸。千年芳草題鸚鵡，萬里長江入漢陽。大別原非分別者，登臨不用更悲傷。

○○○曉行逢征東將士却寄梅中丞

烽火城西百將屯寒烟曉爨萬家村雄邊子弟誇韁韉絕塞將軍蚤閉門傍海何年知浪靜登壇空自拜君恩雲中今有眞頗牧安得移來覲至尊

○○晚過居庸

重門天險設居庸百二山河勢轉雄關吏不聞占紫氣行人或共說非熊灣環出水馬蹄澀回復穿雲月露融燕市卽今休感慨漢家封事已從容

○○九日至極樂寺聞袁中郎且至因喜而賦

世道由來未可孤，百年端的是吾徒。時逢重九花應醉，人至論心病亦蘇。老檜深枝喧暮鵲，西風落日下庭梧。黄金臺上思千里，爲報中郎速進途。

○元日極樂寺大雨雪

萬國衣冠共一新，婆娑獨占上方春。誰知向闕山呼日，正是飛花極樂辰。寂寂僧歸雲際寺，溶溶月照隴頭人。年來鬢髮隨刀落，欲脫塵勞却惹塵。

○雨中塔寺和袁小修韻

無端滯落此江瀕，雨濕征衫，逢故人，但道三元儁

跡，誰知深院有孤身，才傾八斗難留客，酒賦千鍾不

厭貧，自是仙郎佳況在，何妨老子倍精神。

◎讀羊叔子勸伐吴表

三馬同槽買鄴都，轉身賣與小羌胡，山濤不是私憂

者，羊祜寧知非算無，天塹長江權入晉，地分左袒終

屬吴，當時王謝成何事，只好清談對酒壚。

○讀劉禹錫金陵懷古

王濬樓船下益州金陵懷古獨稱劉千尋鐵鎖沉江

底。百萬龍驤上石頭。賦就羣公皆閣筆。功成二子莫爲讐。鍾山王氣千年在。不見長江日夜浮。

○瑠璃寺

瑠璃道上日初西。馬遶秋風萬木低。僧舍不關從客去。田家有酒爲誰攜。籬邊小雨催黄菊。山岫明星報曉雞。自有深公爲伴侶。何妨一笑過前溪。

○赴京留别雲松上人

支公遯跡此山居。深院巢雲愧不如。自借松風一高枕。始知僧舍是吾廬。風吹竹柏袈裟破。月滿池塘鐘

壽君虛獨有宿緣酬未畢臨岐策馬復躊躇

○○望魯臺禮謁二程祠　二程俱產於此

日暮西風江上臺森森古木使人哀楚雲一夜眞堪賦魯國何年入望來千載推賢唯伯仲百秊想像見嬰孩倏然欲下門庭雪知是先生愛不才

ISBN 978-7-5010-6430-4
9 787501 064304 >
定價：288.00圓（全二册）